개쉬운영어의

내 생애 마지막 영어

60만이 선택한 왕기초 영어회화 영어문법

내생애 마지막 영어

개쌤&개프 지음

북앤로드 book&road

개쉬운영어의
내 생애 마지막 영어

초판 1쇄 발행 2016년 12월 30일
3쇄 발행 2020년 3월 31일

지은이 | 개쌤 & 개프
발행처 | 북앤로드
발행인 | 최영민
책임편집 | 김시경
마케팅 | 김요형
표지디자인 | 썸앤준 내지디자인 | 홍민지
인 쇄 | 미래피앤피

출판등록 | 제406-2015-31호
주 소 | 경기 파주시 신촌2로 24
전 화 | 031-8071-0088 팩 스 | 031-942-8688
ISBN | 979-11-87244-03-5 13740

이 도서의 국립중앙도서관 출판예정도서목록(CIP)은 서지정보유통지원시스템 홈페이지(HTTP://SEOJI.NL.GO.KR)와 국가자료공동목록시스템(HTTP://WWW.NL.GO.KR/KOLISNET)에서 이용하실 수 있습니다.
(CIP제어번호: CIP2016029115)
출판권 © 피앤피북 2018

· 북앤로드는 피앤피북의 임프린트입니다.
· 저작권법에 의하여 한국 내에서 보호를 받는 저작물이므로 무단전재와 무단복제를 금지합니다.
· 잘못된 책이나 파손된 책은 구입하신 서점에서 교환해 드립니다.

개쉬운영어?

개도 알아들을 정도로 쉽게 영어를 가르치겠다는 저의 다짐으로 탄생한 이름입니다.
수년간 어학원을 운영하고 직접 학생들을 지도하며 쌓은 노하우와 남들보다 특별히 더 쉽게 설명하는 재주를 살려 무료로 영어컨텐츠를 제공하며 대한민국 영어교육발전에 힘쓰고 있습니다.

대한민국 국민들은 아직도 영어가 어렵습니다. 중학교, 고등학교, 심지어 대학교까지 졸업했어도 영어를 말 못하는 사람이 너무나도 많으며 그저 '영어' 하나만을 위해 많은 돈을 써서 해외어학연수와 유학을 가서도 많은 분들이 실패하고 돌아옵니다. 문제가 무엇일까요?
첫째는 영어를 교과목 수학, 역사처럼 시험대비용으로 공부했기 때문이고, 둘째는 한국에서 영어를 사용할 일이 거의 없기 때문입니다. 영어는 암기과목이 아닙니다. 즐겁게 이해하고, 신나게 말하셔야 영어가 됩니다!

영어회화 책을 보면 영어 말하기가 될까?
서점에서 영어회화 코너에 가보았습니다. 여러 회화책이 산더미처럼 쌓여 있더군요. 정말 많은 회화표현이 담겨 있었습니다. 물론 내용도 좋았습니다. 하지만 기초영어를 하시는 분들! 그 회화책이 쉽던가요? 이해되시던가요? 통째로 달달 외우시고는 다 기억하고 계시나요?
수많은 회화표현을 어떻게 다 외울 수 있겠어요! 그리고 정작 해외에 나갔는데 내가 외운 표현이 아닌 다른 표현으로 물어본다면? 당황. 답답. 눈물…

한국 아이가 한국말 배우듯이 하세요.

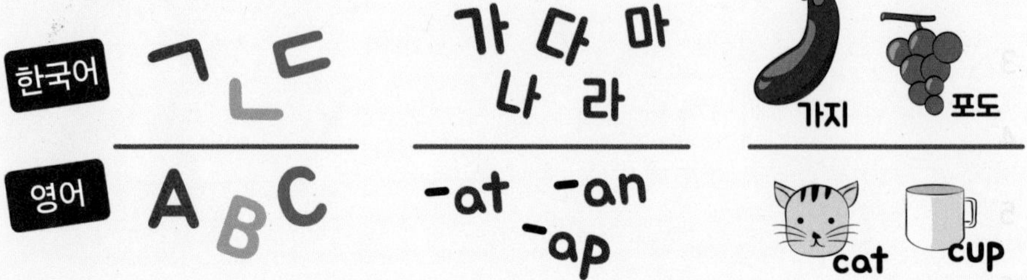

위 3개의 과정을 공부하신 분은 이 책을 배우실 수 있습니다.

이 책에는 영어를 말하는 방법이 실려 있습니다. 딱딱한 문법을 재미있는 이야기로 만들어냈고, 암기해야 했던 '인칭대명사'나 'be동사'를 노래로 만들어 즐겁고 신나게 그리고 오래 기억되도록 준비했습니다. 국내 유일의 '말하는 문법'책!

개쉬운영어의 모든 컨텐츠는 가장 쉬운 영어책으로 계속 출간됩니다.

발음기호 없이 쉽게 배우는 파닉스(영어발음), 진짜 쉽고 꼭 써먹는 영어회화, 잊어버릴 수 없는 영어단어 등 독자분들이 필요로 하는 책을 전해드리기 위해 준비하고 있습니다.

개쉬운영어를 사랑해주시는 많은 분들께 진심으로 감사드리며

여러분에게 최고의 컨텐츠를 제공해드리기 위해 늘 열심히 노력하겠습니다. 사랑합니다.

2016년 12월

개프

Contents

Contents

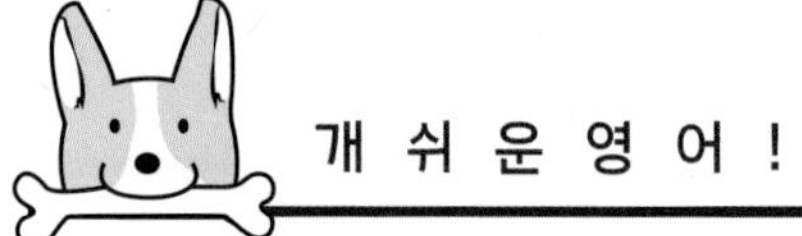

1강

기초, 너란 녀석!

그동안 믿고 샀던 기초영어책들….

나한텐 너무 어려워!

여러분, 그동안 '기초영어'라는 말에 구매하셨던 많은 영어책들이 지금 어디에 있나요?
낮잠 주무실 때 베개로? 아니면 뜨거운 라면 받침대로?

"영어가 안 되는 건 기초가 부족해서야!"라는 말,
많이 들어보시지 않으셨나요?
그래서 그놈의 기초를 잡겠다고,
매년 새로운 마음으로 영어를 시작하기 위해 서점을 향하시는 여러분!
'이 책이다!' 하고 샀는데, 몇 장 넘기다 너무 어려워져 '이게 기초 영어책 맞아? 아니면 내가 이해력이 떨어지는 건가?' 하며 다시 책장 속에 고이 보관하고 계시지는 않으신가요?

여기서 문제!
대체 그놈의 기초란 게 뭘까요?
어떤 친구는 영어 기초가 부족하다고 왕초보라고 하면서 외국인과 프리토킹을 하고, 또 다른 친구는 알파벳밖에 모른다며 자기가 진짜 왕초보라고…. 난 'Apple(사과)'은 알겠는데 '사과 주세요!(Get me an apple!)'는 모르겠고!
대체 어디까지가 영어의 기초이며,
내게 맞는 기초영어책은 어디에 있을까요?

나한테 딱 맞는 책. 얼마나 쉬우면 개쉬운영어일까?

개도 알아듣기 쉽게 알려준다는 개쌤의 재미있고 특별한 영상까지 무료라니!

이제 여러분도 이 책을 펼치시는 순간 영어 울렁증은 끝입니다!

알파벳과 파닉스(영어발음), 기초단어(예: cat, bus, like, pretty 등) 정도만 알고 계시는 분들도 학습하실 수 있는 국내 유일의 기초영어 책!

개프&개쌤과 함께 쉽고 즐거운 영어여행을 시작해볼까요?

개쉬운영어

2강

이래서 영어가 어려웠어!

여러분이 영어를 포기했던 이유는?

평소에 쓸 일도 없으면서 시험을 위해 무조건 외워야 하는 영어단어.

수학 공식처럼 암기해야 하는 영어문법.

재미없고 지루한 영어수업.

그럼, 영포자(영어를 포기한 자)들을 위한 해결책은 없는 것인가?

'개쉬운영어'는 정말 개쉽다!

영어를 잘하려면 영어단어를 무진장 많이 외워야 할까요?

 절대 아니죠!

여러분, 중1, 중2 때 외우셨던 단어들로도 충분히 영어로 대화하실 수 있습니다!

그동안 단어 암기가 힘들어 포기하셨던 많은 분들!

여러분이 기억하고 계시는 쉬운 단어들로도 충분히 말할 수 있게 도와 드릴게요.

완전 이뻐!

How pretty! [하우프뤼리]

괜찮아?

Are you okay? [아~알유오케이]

‘개쉬운영어’는 신나고 재밌다!

새로운 단어를 외워야 할 때에도 쉽고 재미있게 연상해서 외워요.

예) 매미(cicada)와 사마귀(mantis)

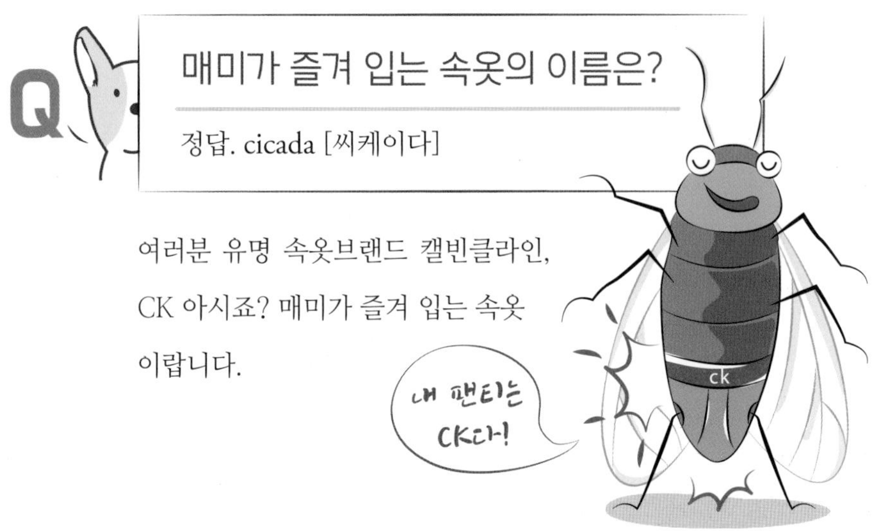

매미가 즐겨 입는 속옷의 이름은?

정답. cicada [씨케이다]

여러분 유명 속옷브랜드 캘빈클라인, CK 아시죠? 매미가 즐겨 입는 속옷이랍니다.

사마귀가 가장 좋아하는 간식은?

정답. mantis [맨티스]

사람이 좋아하는 간식은 mentos[맨토스]죠,
사마귀가 좋아하는 스낵은 mantis[맨티스]에요.

‘개쉬운영어’는 영어초보자들에게 ‘감동’이다!

깊게 들어가 자세히 알려면 끝도 없는 것이 바로 학문이죠. 국문학과를 나와야지만 한국어를 잘하는 것이 아니듯이 여러분이 말하기에 필요한 최소한의 지식으로 최대한 많은 활용을 할 수 있도록 도와드립니다.

이 책을 다 읽고 기억하시면 해외에 나가셔서 여러분이 필요로 하시는 기초회화의 불편함이 없으실 겁니다.

개쉬운영어가 무조건 여러분의 영어 말하기를 책임집니다.

개 쉬 운 영 어 !

3강

아기가 태어나 처음 하는 말은?

세상의 모든 언어가 탄생할 때 처음 만들어지는 말은 무엇일까요?

원시시대 때 원시인들이 서로 대화를 할 때 무슨 말부터 시작했을까요?

처음부터 문장을 줄줄 말했을까요?

우리 지금부터 원시인이 되어봅시다!

서로 자기 이름을 짓고 부르기 시작할 거예요.
"난 '우가'고, 넌 '차카'! 우린 '우가, 차카'!
이건 '돌'이고, 저건 '물고기'로 이름 짓자."

사람이 언어를 처음 만들거나 배울 때는 단어를 말하게 되지요.
이때 사용하는 단어를 '명사'라고 합니다. '명사'라는 말은 한자어로 '名詞' 이름을 나타내는 말을 말해요.
이렇게 영어용어(명사, 부사, 관계대명사 등)가 한자어로 표현되어 있어 어렵게 느껴지시는 거예요.
개쉬운영어는 여러분이 이해하시기 쉽게 그리고 자세하게 설명해드릴 거예요.
그럼 명사를 어떻게 쉽게 설명해 드릴 것이냐?

여러분! 아기가 태어나 처음 말하게 되는 단어는 무엇일까요?
"맘마", "엄마", "아빠"
대부분 이런 말을 먼저 하지요.
이렇게 처음 언어를 배워 말하게 되는 단어들이 바로 '명사'에요. 사람이나 사물의 이름을 말하게 되는 거지요.
그래서 저도 여러분께 영어의 처음을 영어명사부터 가르쳐드릴 거예요.

그럼, 영어명사 말하기부터 시작해볼까요?

'아기, 고양이, 자동차, 책상, 연필,

책, 컵, 커피'를 영어로 말해보세요.

이제 이 단어들을 영어로 적어 보세요.

아기, 고양이, 자동차, 책상, 연필, 책, 컵, 커피

다 맞으셨나요?

정답을 맞춰볼까요?

정답) baby, cat, car, desk, pencil, book, cup, coffee

<영어명사를 쉽게 기억하는 방법!>

개프팁! 명사는 '끝말잇기다'!

여러분 학창시절에 즐겨했던 '끝말잇기'를 해볼까요?

개쌤이 마지막에 말한 '대단하다'가 왜 틀렸을까요?

그건 '대단하다'는 사물의 이름을 나타내는 말(명사)이 아니니까요.

끝말잇기에는 무조건 '명사'를 사용해야 한답니다. 영어의 단어가 명사인지 아닌지 헷갈릴 때는 꼭 '끝말잇기'에 사용할 수 있는 말인지 생각해보세요.

그럼 여러분이 평소 알고 있는 영어명사들을 이용해 끝말잇기를 해볼까요?

cat - tea - apple - egg - game

고양이 - 차 - 사과 - 달걀 - 게임

자! 사물의 이름을 영어로 말하는 것이 영어의 첫걸음입니다. 여러분 주변에 있는 사물들을 영어로 말해보세요.

명사는 영어 말하기의 시작입니다.

정답) 3

해설) 3. go(가다)는 사물의 이름이 아닙니다.

개쉬운영어

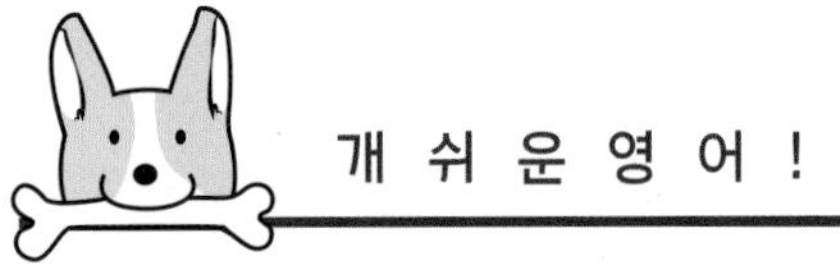

4강

'다', '다', '다'자로 끝나는 말은~♪

지난 시간에 사물의 이름을 나타내는 명사를 배웠죠? 사물의 이름을 영어로 말할 수 있으니 이제 영어문장을 말하기 위해서 가장 중요한 역할을 하는 녀석을 배워보도록 할게요.

이번 시간에 배울 내용을 노래로 만들어보았어요.
살짝 불러보고 설명해드릴게요.

이 노래에는 '다'자로 끝나는 단어들이 들어 있어요. 그럼 이 단어들은 명사일까요? 지난 시간에 명사는 끝말잇기가 가능해야 한다고 말했었죠? '먹다, 자다, 가다…'는 끝말잇기에 사용할 수 없는 단어들이에요. 그럼 이 단어들은 도대체 뭘까요?

이 단어들은 '동사'라고 불리는 녀석들이에요. 엥? 동사?

동사는 동작을 나타내는 말이에요. '먹다'는 먹는 동작을 나타내는 말이죠, '자다' 역시 자는 동작을 나타내요.

한국말에서 동작을 나타내는 말이 '~다'자로 끝난다는 것을 아시죠?

'나는 간다'에서 동작을 나타내는 단어는 '나는'일까요, '간다'일까요?

딩동댕! 바로 '간다'가 동작을 나타내고 있어요.

이렇게 동작을 나타내는 말을 '동사'라고 한답니다.

'동사'를 나타내는 영어는 어떤 것들이 있는지 알아볼까요?

run(달리다), study(공부하다), swim(수영하다), sit(앉다)…

동사는 한국말로 '~다'로 끝나고, 모두 움직임을 나타내요.

동사는 영어 말하기에서 가장 중요해요. '동사' 하나만으로도 간단한 의사소통이 가능하답니다.

'동사'가 없으면 한 문장도 말할 수가 없어요. 진짜 중요한 녀석이죠? 지난 시간에 배운 명사와 이번 시간에 배운 동사 두 단어만으로도 여러분은 영어 말하기를 하실 수 있답니다. 거짓말 같죠? 한번 말해볼까요?

명사 동사

I go.

나는 간다.

명사 동사

You study.

너는 공부한다.

명사 동사

Ants move.

개미들은 이동한다.

어머? 명사와 동사만으로도 문장 말하기가 가능하죠?
다음 시간에는 어떤 수업이 여러분을 놀라게 해드릴까요?
기대해주세요.

정답) 5

해설) 5. cake(케이크)는 사물의 이름을 나타내는 '명사'입니다.

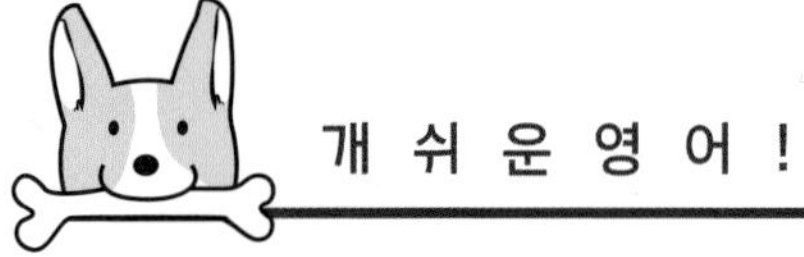

5강

멋진 너로 만들어줄게

지은이 : **개프**

옛날 옛날에 예쁜 개데렐라가 살았어요. 무도회에 가려고 했지만 행색이 말이 아니었죠. 딱 거지 같았어요. 멋진 왕자님과 결혼을 하기 위해서는 화려하게 변신시켜줄 마법사 할머니가 필요했어요. 동네에서 제일 잘나간다는 마법사 할머니를 찾아갔어요. 그 할머니의 이름은 '형용사' 할머니! 사람뿐만 아니라 동물들, 심지어 사물까지도 멋지게 변신시켜주는 유명한 할머니셨죠.

'형용사 할머니' 덕에 가장 예쁘게 변신해서 무도회장을 찾은 개데렐라는 멋진 왕자님과 결혼해 행복하게 살았답니다.

이 동화에서 형용사 할머니는 개데렐라(명사)를 꾸며주기 위해 존재해요. 주인공인 개데렐라가 없으면 아무 소용이 없죠.

우리말로 '예쁜, 귀여운, 착한, 아픈, 어두운 등'이 형용사인데요. 한국말에서 형용사를 살펴보면 모두 받침이 'ㄴ'자로 끝나요.

'예쁜, 귀여운, 착한, 아픈, 어두운'

이 형용사들은 혼자 쓰일 수 없어요. 영어에서도 마찬가지로 혼자 사용할 수 없죠. 어디에서 이 형용사들을 사용하는지 알아볼까요?

첫째 개데렐라의 변신!

개데렐라(명사: 세상 모든 사물의 이름)에 형용사 할머니가 마술을 부리면 변신을 해요. 어떻게 변신하는지 볼까요?

'아기-baby[베이비]'는 심심하니까 앞에 '귀여운-pretty[프뤼리]'를 첨가하면 귀여운 아기 ····▶ pretty baby [프뤼리 베이비] 가 되는 거예요.

한 번 더 해봐요.

'침대-bed[베ㄷ]'에 '깨끗한-clean[클린]'을 첨가하면

깨끗한 침대 ····▶ clean bed [클린벧] 가 되는 것이죠.

이렇게 명사에 살을 더해 의미를 풍성하게 하는 역할을 이 '형용사 할머니'가 해낸답니다.

다음 시간에는 형용사의 두 번째 쓰임에 대해 알아볼게요.

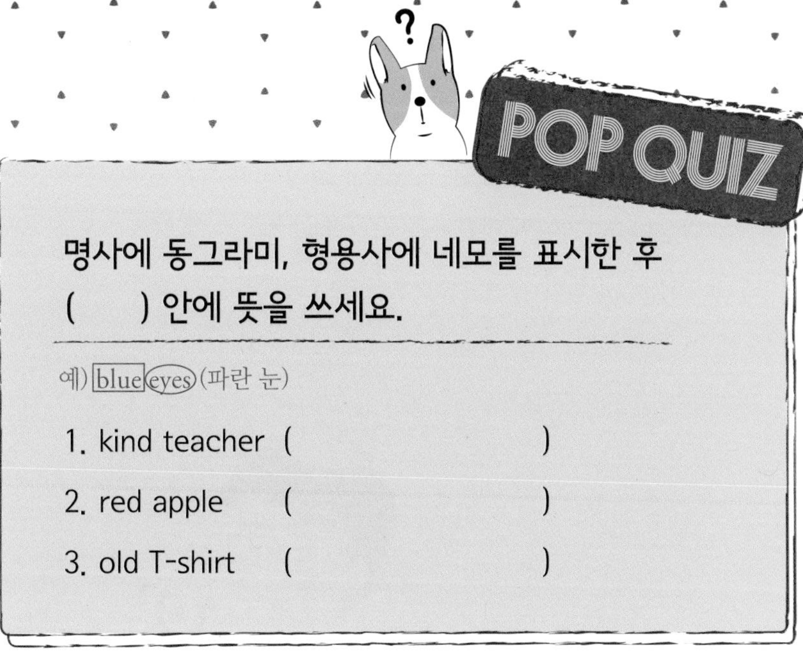

명사에 동그라미, 형용사에 네모를 표시한 후 (　　) 안에 뜻을 쓰세요.

예) [blue] (eyes) (파란 눈)

1. kind teacher (　　　　　　　　)
2. red apple (　　　　　　　　)
3. old T-shirt (　　　　　　　　)

정답) 1. [kind] (teacher) (친절한 선생님)
2. [red] (apple) (빨간 사과)
3. [old] (T-shirt) (낡은 티셔츠)

개쉬운영어!

6강

개데렐라가 아파

둘째 “주인공이 아파.”

지난 시간에 배운 형용사는 명사 앞에서 명사를 멋지게 꾸며 의미를 풍성하게 만들어줬죠? 이번 시간에는 주인공 뒤에서 주인공의 상태가 어떤지를 표현해볼 거예요.

엥? 무슨 말이냐고요?

요리하듯 예를 들어드릴게요.

호잇!

주인공 하나를 준비해주세요.

She [쉬] ····▸ 그녀는

그녀의 상태를 어떻게 할까요? 좋다고 말해볼까요?

좋은 ····▸ **good** [굳]

아프다고 말해볼까요?

아픈 ····▸ **sick** [씩]

저는 주인공을 아픈 상태로 만들어볼게요.

그럼 요리를 해볼까요.

She sick. [쉬씩]

그녀는 아픈… 엥? 뭐가 빠졌는데….

아, 맞다! MSG(be동사: am, are, is)

주인공의 상태를 표현할 때는 be동사를 형용사 앞에 첨가해줘요. 왜냐? be동사는 형용사를 만나면 '~다'라는 맛을 내게 해주거든요(be동사는 뒤에서 자세히 설명해드립니다).

이제 요리가 완성되었네요.

She is sick. [쉬이즈 씩]

그녀는 아프다.

형용사 sick(아픈) 앞에 be동사 'is(~다)'를 넣어 '아프다'라는 뜻으로 자연스러운 문장을 만들어주었어요.

형용사를 찾아 동그라미 표시하세요.

1. Gassam is cool.(개쌤은 멋져.)
2. I am fat.(나는 뚱뚱해.)
3. She is pretty.(그녀는 예뻐.)

정답) 1. cool 2. fat 3. pretty

콩글리시 1탄 에어컨!

열심히 공부하시느라 힘드셨죠? 그래서 제가 재미있는 걸 준비했어요.
옆의 그림을 보고 그 단어를 영어로 말하는 게임이랍니다.
준비되셨죠? 짜잔!

다들 이 물건의 이름을 말하셨나요? 대부분 '에어컨'이라고 이야기하셨을 텐데요.
하지만! 너무나 충격적인 소식을 하나 알려드리자면 '에어컨'이라고 말씀하신 분들은 모두 틀렸답니다.

엥? '에어컨'이 영어로 'air cone(에어컨)'이 아니라고? 개쌤 혹시 집에 에어컨 없으셔서 잘 모르시는 건 아니시죠?
그럼요. 모르는 거 절대 아니에요. 이번에 제가 알려드릴 것은 한국에서만 잘못 사용하고 있는 잘못된 영어표현! 'Korean(한국인)+English(영어)=Konglish(콩글리쉬)'를 바르게 알려드리려고 해요.

그 첫 주자로 더운 여름에 많이 사용하는 '에어컨'을 데려왔답니다.
'에어컨'의 실제 영어이름은 'air-conditioner'이랍니다. 단어가 꽤 길죠?
'air-conditioner'의 영어발음은 [에얼컨디셔널]이예요. 그렇기 때문에 외국에 나가셨을 때 '에어컨'이 고장 났거나 사용방법을 모를 때는 꼭 "에얼컨디셔널이 고장 났어요"라고 해야 한답니다. 그냥 '에어컨'이라고 이야기하면 상대방이 무슨 이야기를 하는지 모를 수도 있거든요.

더운 여름날이라면 가정에서 한번 이렇게 말씀해보세요!
"와! 우리 집 '에얼컨디셔널(air-conditioner)'의 바람은 정말 최고야!"

7강

칫! 내가 없으면 말이 되겠니?

영화에서 가장 중요한 역할을 하는 사람을 뭐라고 하지요?

주.인.공

맞아요. 영화나 드라마에서 주인공의 역할이 중요하듯이 영어문장을 만들려면 꼭 빠질 수 없는 것이 '주인공'이에요. 문법에서는 '주어'라고 말하죠.

이 주인공은 문장에서 가장 중요한 역할을 하기 때문에 문장의 제일 앞자리, 퍼스트클래스에 위치해요. 한국어와 마찬가지지요.

'나는 달려'라는 한국어 문장에서 주인공은 '나는'이에요.

Tip: 자연스러운 해석을 위해서 조사 '는'도 포함해서 주인공이라 배웁니다.

문장의 첫 번째에 나오죠.

영어로 바꿔서 살펴보죠.

'I run.[아이뤈]'

여기서도 주인공 'I'가 첫 번째에 위치하네요.

다행이에요 한국어와 순서가 같아서 정말 쉬우니까요!

다음 문장에서 주인공을 찾아보세요.

Gassam is fun. [개쌤이즈 펀]

개쌤은 재밌어.

정답은 'Gassam'(개쌤은)이죠.

한 문장 더 해볼까요?

My cat is cute. [마이캐리즈 큐웉]

나의 고양이는 귀여워.

이 문장에서 주인공을 'my'라고 찾으신 분?

'my'는 '나의'라는 말로 주인공이 될 수 없어요. '나의 무엇'까지 함께 주인공이 되는 것이죠. 그래서 'My cat(나의 고양이는)'이 문장의 주인공이 되는 거예요.

또 주인공은 '개프, 우리 엄마, 컴퓨터 등' 사람이나 사물의 이름을 나타내는 '명사'만 쓸 수 있답니다. 기억하세요.

POP QUIZ

다음 단어의 한글 뜻을 쓰고,
주인공으로 쓸 수 있는 것을 모두 고르세요. (   )

❶ dance(   ) ❷ school(   )
❸ money(   ) ❹ bad(   ) ❺ walk(   )

정답) 2, 3
(1) 춤추다 (2) 학교 (3) 돈 (4) 나쁜 (5) 걷다

(해설) 주인공의 자리에는 명사만 올 수 있다.
(1) dance-동사 / (4) bad-형용사 / (5) walk-동사

개쉬운영어

개 쉬 운 영 어 !

8강

이거 주세요, 아니 저게 낫겠다!

가족들과 함께 저녁 만찬을 하고 있어요. 다양하고 맛있는 반찬들이 여러분의 입속에 들어가기 위해서 기다리고 있네요. 이때 여러분들이 반찬을 먹으면서 엄마한테 하는 말이 있어요.

"시금치 맛있네요." "계란말이 왜 이렇게 짜요?"
음식의 이름을 알고 있다면 이렇게 이야기할 수 있지만 음식의 이름을 모를 때는 어떻게 말해야 할까요?
그럴 때는 "이거 왜 이렇게 맛없어?" 혹은 "저거 엄청 맛있네"라고 이야기하면 되겠죠?

슈퍼에 가서도 "아줌마, 풍선껌 얼마예요?"라고 말할 수 있지만 "이거, 얼마예요?"라고 이야기할 수 있고요, 식당 등에서 "이모, 갈비탕 주세요"라고 말하는 대신에 손가락으로 옆 테이블에 맛있게 보이는 갈비탕을 가리키면서 "저거, 주세요"라고 말할 수도 있답니다.

여러분 명사 기억하시죠? 사람, 사물, 동물, 나라, 도시 등 이름을 가지고 있는 것은 모두 '명사'라고 합니다. '끝말잇기'가 가능한 모든 단어들이 '명사'에 해당된다고 말씀드렸었죠?
우리는 대화할 때 이런 이름을 직접 말하기도 하지만 '이거, 저거, 이것들, 저것들' 이런 식으로 대신 사용해 말할 때가 많아요.
한국말이든 영어든 상대와 대화할 때 장황하고 긴 설명보다는 짧고 간결한 의사소통을 원하죠.
만약 '명사를 대신해서 사용하는 말'이 없다면 엄청 불편해질 거예요.
예를 들어 '우리들'이란 말이 없으면 우리 반 친구들 30명 이름을 다 말해야 되니까요.
어차피 우린 영어를 길게 말할 수도 없으니까 짧게 사용할 수 있는 '명사 대신 쓰는 말'이 필수 아이템이겠죠?

먼저, 첫 번째 아이템 갑니다.

물건들을 가리켜 대신 부르는 말을 알려드릴게요.

여러분의 손이 닿는 거리에 있는 사물을 가리키며 외치세요!

this [디씨] ····▶ 이것

가까이 있는 것을 가리켜 대신 사용하는

최고급 아이템이랍니다.

사용빈도 최상!

다음, 내 손이 닿지 않는 위치에 있는 사물을 가리키는 말은

that [댙] ····▶ 저것

일일이 이름을 말할 필요 없이 간단히 외치세요!

'this[디씨] 이것', 'that[댙] 저것'

개프팁! 'these!, those!'

가까이 있는 사물이 여러 개 있을 때는 **these** [디즈] ····▶ 이것들

멀리 있는 사물이 여러 개 있을 때는 **those** [도우즈] ····▶ 저것들

이라고 사용하세요.

여러분, 손가락으로 이것저것 가리키면서 'this', 'that' 꼭 연습하세요.

다음 문장에 'this', 'that'을 넣어보세요.

1. How much is (   )? (저거 얼마예요?)

2. Give me (   )! (이거 주세요!)

정답) 1.that 2.this

개 쉬 운 영 어 !

9강

이 남자 내 거야, 저 남자 너 가져!

지난 시간에 대신 가리키는 말 'this'와 'that'을 배웠죠? 이번 시간에는 제가 보너스를 준비했어요!

'this'와 'that'은 명사를 대신 불러서 사용한다고 했었죠? 그래서 대명사라고 하는데요. 대신 불러 사용하는 말의 약자라고 생각하시면 돼요.

한자어는 어려우니까! 우리 줄여 쓰는 말 좋아하잖아요.
이때 사용하는 'this'와 'that'은 명사 대신 사용했으니까 당연히 '명사'의 역할을 해요.
하지만 지금 알려드릴 'this'와 'that'은 살짝 다르답니다.
뭐가 다르냐?
역할이 달라요. 어떨 때 사용하는지 볼까요?

This is a candy. [디쓰이져 캔디]

이것은 사탕이다.

This candy is mine.

이 사탕은 내 거야. [디쓰캔디이즈 마인]

위의 첫 번째 문장은 지난 시간에 배운 명사 역할을 하는 'this'죠! '이것은'이라고 해석하면 되고요.
아래 문장도 볼까요?
'this' 뒤에 'candy[캔디] 사탕'이 있어요. 'this'가 명사를 대신해서 쓰이고 있는 게 아니라 명사 'candy'를 뒤에 데리고 왔네요.
이렇게 'this' 뒤에 바로 명사가 따라올 때는 'this'가 '짜잔' 하고 변신을 해서 명사를 꾸며주는 역할을 해요. 명사를 꾸며주는 역할을 하는 녀석을 뭐라고 했었죠?

○○○ 할머니. 기억나시나요?

맞아요. 형용사라고 해요.

여기서 이 'this'가 형용사 할머니 역할을 해준답니다.

큰 역할은 아니에요. 쉽게 생각하세요.

뜻이 아주 간단하거든요.

this [디씨] ····▸ 이 / **that** [댙] ····▸ 저

명사 앞에 'this'나 'that'이 오면 '이', '저'라고 말하시면 돼요.

'this book[디쓰부욱] 이 책', 'that book[댙뿌욱] 저 책'

'this man[디쓰맨] 이 남자', 'that man[댙맨] 저 남자'

유용한 보너스가 되셨나요?

'보너스' 하면 휴가보너스, 명절보너스가 최곤데! 크아~~

보너스처럼 기분 좋은 '개쉬운영어' 다음 편에 또 이어집니다.

다음 문장의 (This)를 잘 살펴보고,
자연스러운 문장이 되도록 ( )안에 해석을 써보세요.

1. (This) is a car.
   (   ) 자동차에요.

2. (This) car is mine.
   (   ) 자동차는 내 거예요.

정답) 1. 이것은 2. 이
해설) 2. 뒤에 'car'이라는 명사가 왔으므로 지시형용사 '이'라고 해석해요.

개 쉬 운 영 어 !

10강

우린 개쉬운영어가 좋아!

지난 시간에는 사물들을 대신 가리키는 'this'와 'that'에 대해 배웠죠? 이번 시간에는 '명사 대신 쓰는 말'의 두 번째 아이템들을 쏟아볼게요.

개쌤의 회장선거 연설 잘 들으셨나요? 무슨 이름이 이렇게 많이 들어가냐고요? 정신없다고요?

개쌤이 '대명사(명사 대신 쓰는 말)'를 모르나 봐요.

제가 '인칭대명사'를 사용해 문장을 깔끔하게 바꿔볼게요.

"저를 회장으로 뽑아주신다면 여러분들에게 피자와 치킨을 쏘겠습니다! 제가 여러분을 위해 이 한 몸 바쳐 열심히 일하겠습니다."

어떠세요? 훨씬 간결하고 의사 전달이 확실히 되죠?

이 문장에서처럼 쓰인 '사람을 대신 불러 사용하는 말'을 '인칭대명사'라고 해요. 중학교에서 처음 영어를 배웠던 우리 시절에는 중1 처음에 만나게 되는 익숙한 말인데요.

전 이 '인칭대명사'가 잘 안 외워져서 고생했던 기억이 납니다.

지금부터 학교에서 공부했던 영어에 대한 어두웠던 기억은 지우세요!

개쉬운영어는 억지로 암기시키지 않습니다!

억지로 암기한 것들은 내 기억에서 눈 깜짝할 사이에 달아나거든요.

즐거운 상황을 연상하게 하여 설명해드리거나 노래를 만들어 평생 기억에서 빠져나갈 수 없도록 도와드릴게요.

너무 감사하시다고요?

개프와 개쌤 엉덩이 토닥토닥 해주세요.

이번 시간에는 인칭대명사가 무엇인지 간단하게 설명해드렸고요, 다음 시간에 여러분이 그토록 지겨워하셨던 '인칭대명사'를 여러분의 기억 속에 평생 저장하실 수 있도록 마술을 걸어드릴게요.

참고로 '인칭대명사'는 사람뿐만 아니라 동물이나 사물들도 대신 불러 사용할 수 있으니 이점 기억해두세요!

사물들을 대신 가리키는 말을
'지시대명사'라고 합니다. 그럼 사람을
대신 불러 사용하는 말은 무엇이라고 할까요?

정답) 인칭대명사

11강

그 유명한 '개토끼송'?

오늘은 다른 걱정은 다 집어치우고 신나게 노래를 배워보도록 해요.

여러분 산토끼 노래 아시죠?

"♬산토끼 토끼야, 어디를 가느냐?♪"

유치원이나 초등학교 때 여러 번 불러봤던 노래일 거예요.

이 노래의 멜로디에 맞추어 '개토끼송'을 부르시면 돼요.

Point! 중요한 것은 외우는 게 아니라 반복해서 즐겁게 따라 부르시는 겁니다!

개쉬운영어 홈페이지(www.gashwoon.com)에서 '개쌤'이 부른 '개토끼송'을 참고하세요.

영상을 보시면 노래방처럼 자막이 나와서 따라 부르기 편하실 거예요.

자, 그럼 시작해볼게요.

무조건 크게 따라 불러보세요.

"하나, 둘, 시작!"

개토끼송

〈1절〉

아이 마이 미 마인 I my me mine

유 유얼 유 유얼즈 you your you yours

히 히즈 힘 히즈 he his him his

쉬 헐 헐 헐즈 she her her hers

잇 잇츠 잇 없어 it its it ×

〈2절〉

위 아월 어스 아월즈 we our us ours

유 유얼 유 유얼즈 you your you yours

데이 데얼 뎀 데얼즈 they their them theirs

개쉬운영어 후 완전 짱이야!

Yeah~!

신나게 따라 부르셨나요?

반복해서 따라 부르세요. 자동적으로 외워지실 때까지요.

정답) a. I b. yours c. him d. her e. ours f. their

개쉬운영어

개 쉬 운 영 어 !

12강

어허! 이 자린 주인공 자릴세!

지난 시간에 배운 '개토끼송' 기억하고 계시죠?
한 번 부르고 시작할까요?
"♬I my me mine, you your you yours~♪"

'난 이제 눈 감고도 부를 수 있다!' 하시는 분들만 오늘 진도 나가시고요, 아직 좀 아리까리하신 분들은 세 번 더 부르시고 오세요!

우리 7강에서 '주인공'을 배웠었죠? 영화나 드라마에서 주인공의 역할이 중요하듯이 문장에서도 주인공이 중요하기 때문에 문장의 제일 앞에 나온다고 말씀드렸었어요.
'개토끼송'에서도 이 주인공은 제일 앞 소절에 나온답니다.

〈1절〉

I my me mine　you your you yours

he his him his　she her her hers　it its it ×

〈2절〉

we our us ours　you your you yours

they their them theirs　개쉬운영어 후 완전 짱이야!

이렇게요.

그럼 이 녀석들에 대해 자세히 배워볼게요.

- **I**[아이] '나는'이라는 뜻으로 내 이름을 대신 나타내주는 말이에요. 말할 때마다 매번 자신의 이름을 넣어서 말하면 닭살이잖아요.
  "개땜은 꿍꼬또 기싱 꿍꼬또~
  개땜은 떨따똥 마려워용~"

- **you**[유] '너는'이라는 뜻으로 상대방과 이야기 나눌 때 사용해요. 상대와 대화할 때 이름을 부르며 이야기하지 않죠?
  "넌~, 네가~" 이런 식으로 사용하죠.
  "♬You are my everything~♪"
  넌 나의 모든 것이야.
  참고로 '너희들'이라고 말할 때에도 'you'라고 똑같이 사용한답니다.

- **he**[히] '그는, 걔는'이라는 뜻으로 제3자의 사람을 대신 불러주는 말이에요. 그중에서도 우리 아빠(my dad), 개쌤(Gassam)처럼 성별이 남자인 경우에 사용해요.

- **she** [쉬] '그녀는, 걔는'이라는 뜻으로 제3자 중 여자를 대신 불러줄 때 사용해요. 내 여동생(my sister)이나 수지(Soo-ji) 등 여자 이름을 대신 나타낼 때 사용해요.

- **it** [잍] '그것은'이라는 뜻으로 사물이나 동물을 대신 불러줄 때 사용해요.

> **My cat is very fat.** [마이캐리즈 붸뤼퐷]
> 나의 고양이는 아주 뚱뚱해.
>
> **My cat is Mini.** [마이캐리즈 미니]
> 나의 고양이는 '미니'야.

위 문장의 'My cat'이 두 번 반복해 쓰였죠? 자연스럽게 말하려면 어떻게 해야 할까요?
첫 번째 My cat은 '내 고양이'임을 알려주어야 하니까 그대로 놔두고, 두 번째 My cat을 바꿔볼게요.

> **My cat is very fat.**
> **It is Mini.** [이리즈 미니]
> 그것은 '미니'야.

'My cat'을 동물이나 사물을 대신 불러주는 대명사 'It'으로 바꿔주면 간단하고 자연스러운 문장으로 변신합니다!
'it'은 서로 대화하고 있는 상대가 똑같은 말을 반복하기 싫어서 간단히 나타내기 위해 사용해요. 엄청나게 많이 쓰이니 잘 기억해두세요.

- **we** [위] '우리는'

"우리는 그냥 친구사이에요." 스캔들이 터진 연예인들이 많이 하는 말이죠? 'we(우리는)'는 나와 누군가를 함께 나타낼 때 써요.
"엄마, 우리 내일 소풍가요." 여기서 우리라고 했으니까 나를 포함해 여러 명이 함께 소풍을 간단 소리겠죠?

- **they** [데이] '그들은 또는 그것들은'

'I(나)와 you(너)'를 제외한 나머지 사람들이 두 명 이상 있을 경우에 사용해요.
슈퍼스타 개쌤과 송중기씨가 함께 있어요. 개쌤은 남자니까 대신 불러주는 대명사는 'he', 송중기씨도 여자가 아니니까 'he'. 그런데 한 명이 아니라 두 명이 있기 때문에 우리는 'they(그들)'라고 말하죠.

They are handsome. [데이알 핸썸] "그들은 잘생겼어. 개들은 잘생겼어." 이런 식으로요.

남자들만 'they'라고 하느냐? 아니에요.
남녀 구분 없이 두 명 이상 모이면 다 'they'라고 써요.
They are pretty. [데이알 프뤼리] "그녀들은 예뻐." 이런 식으로요.

또 동물이랑 사물들이 두 마리, 두 개 이상 모여 있을 때도 쓴답니다.
Cats like fish. [캣츨라잌 피쉬] 고양이들은 생선을 좋아해.
They are cute. [데이알 큐옽] 그것들은 귀여워.

여기서 동물들이기 때문에 '그들은'이라고 해석하기보다는 '그것들은'이라고 해석해야 더 자연스럽겠죠?

개프팁! 난 대문자가 좋다!

- 문장의 첫 글자는 항상 대문자로 시작해요.

You love me. [율럽미]

넌 날 사랑해.

- 세상의 주인공은 나!
'I[아이]'는 문장의 중간에 쓰일 때에도 항상 대문자로 씁니다.

You and I are friends.

너와 나는 친구야. [유앤아이알 프렌ㅈ]

- 사람 이름의 첫 글자도 언제 어디서나 대문자로 써주세요!

I love Gassam. [아이럽개쌤]

난 개쌤이 너무 좋아.

1. 다음 중 '주격(주어)'으로 쓰일 수 없는 인칭대명사는?

❶ you ❷ I ❸ she ❹ they ❺ him

2. 인칭대명사와 뜻이 잘못 연결된 것을 고르세요.

❶ I - 나는 ❷ we - 우리는 ❸ they - 그들은
❹ he - 그녀는 ❺ it - 그것은

정답) 1. 5번 him(그를)은 목적격이랍니다. / 2. 4번 he - 그는

13강

음하하!
난 엄청난 재산을 소유하고 있다네!

My goose [마이구ㅅ] ····▶ 나의 거위

My car [마이카알] ····▶ 나의 자동차

이렇게 무엇인가를 소유하고 있을 때 나타내는 말을 '소유격'이라고 해요. '개토끼송'에서는 두 번째마다 나오는 가사죠!

〈1절〉

I my me mine　　you your you yours
he his him his　　she her her hers　　it its it ×

〈2절〉

we our us ours　　you your you yours
they their them theirs　　개쉬운영어 후 완전 짱이야!

위 소유격들은 '~의'라는 뜻을 가지고 있어요. 모든 소유격의 뜻을 함께 맞춰볼까요?

'my' - I의 소유격 (나의)
'your' - you의 소유격 (　　), (　　)
'his' - he의 소유격 (　　)
'her' - she의 소유격 (　　)
'its' - it의 소유격 (　　)
'our' - we의 소유격 (　　)
'their' - they의 소유격 (　　), (　　)

정답) 너의, 너희들의/ 그의/ 그녀의/ 그것의/ 우리의/ 그들의, 그것들의

확실하게 소유격 아셨나요? 소유격은 개토끼송에서 몇 번째에 온다고 했죠?
맞아요! 바로 두 번째에요!
그럼 주격, 주인공은 몇 번째에 오죠?
대박! 완전 똑똑하시네요!
주인공은 항상 첫 번째! 첫 번째에 온다고 했죠.
다음 편에는 개토끼송에서 세 번째에 오는 녀석을 만나보도록 할게요.

나의 거위, 나의 보물, 너의 암내, 그녀의 다리… 등 사람, 사물, 동물 등 아무거나 다 소유할 수 있는 욕심쟁이 소유격 잘 기억하세요~!

개프팁! 소유격 더 배우기

개쌤의 – Gassam's[개쌤즈]

' 's '를 붙여 그 사람의 소유임을 나타내줍니다. 앞에 나온 단어에 따라 '스', '즈' 또는 '이즈'라고 발음합니다.

위에 코딱지같이 생긴 ' ' apostrophe[어파스트뤄피] ' 는 긴 단어를 줄여 간단히 나타낼 때 사용해요. 줄임말, 생략 이런 의미죠.

개쌤의 노트북 ····▶ **Gassam's laptop** [개쌤즈 랩탑]

우리 엄마의 앞치마 ····▶ **My mom's apron** [마이맘즈 에이프뤈]

참고 한국어는 우리 엄마라고 표현하지만 영어로는 나의 엄마라고 사용한답니다.

우리 선생님의 펜 ····▶ **My teacher's pen** [마이티쳘스 펜]

우리 선생님들의 펜 ····▶ **My teachers' pen** [마이티쳘스 펜]

참고 복수형의 소유격은 ' 's '를 붙이지 않고 그냥 ' ' '만 붙여서 표현합니다.

알맞은 소유격을 찾아 ○동그라미표 하세요.

1. (her / his / our) skirt - 그녀의 치마
2. (me / I / my) mom - 우리 엄마
3. (its / their / your) socks - 그들의 양말
4. (your / you / yours) razor - 너의 면도기

정답) 1. her 2. my 3. their 4. your

개쉬운영어

개 쉬 운 영 어 !

14강

너를 사랑해
너에게 내 모든 걸 줄게

오늘은 지난 시간에 예고해드린 개토끼송의 삼번 타자! "목!적!격!"을 알려드릴게요.

No! No!

아니에요. 절대 어렵게 생각하지 마세요.

제가 이해하기 쉽게 말을 바꿔드릴게요.

짜잔!! 목적격은 말하고자 하는 '대상'을 말해요.

'나는 사랑해.'
이 문장을 보면 뭔가 찜찜한 것이 문장이 완성되지 않은 것 같은 느낌이 들죠?
바로 주인공이 누구를 사랑하는지 그 '대상'이 나와 있지 않아서 그래요.
그럼 그 대상을 넣어볼까요?

'나는 너를 사랑해.'
와! 이제 완벽한 문장이 됐네요. 온 국민이 알고 있는 이 영어표현 한 번 말해볼까요?

'I love you.'

여러분, 개토끼송의 3번 타자라고 해서 요놈이 중요하지 않을 것 같았죠?
개토끼송의 모든 가사는 하나도 빠짐없이 너무나도 소중해요. 마치 필요 없는 손가락이 하나도 없는 것처럼요. 요즘 개쌤 때문에 너무 잔인한 영화를 많이 봤나 봐요. 표현이 무서워졌어…ㅎㄷㄷ

'대상'을 나타내는 개토끼송의 3번 타자들 데려올게요.
〈1절〉
I my me mine　　you your you yours
he his him his　　she her her hers　　it its it ×

〈2절〉
we our us ours　　you your you yours
they their them theirs　개쉬운영어 후 완전 짱이야!

'대상'을 나타내는 목적격들은 '~을, ~를, ~에게'라는 뜻으로 자연스럽게 해석하면 돼요.

You make me smile.

넌 나를 웃게 해. [유메잌미 스마일]

Get me some coffee.

나에게 커피 좀 주세요. [겥미썸 커퓌]

이제 목적격의 뜻을 맞춰볼 시간이네요.

자연스럽고 자유롭게 해석해보세요.

'me' - I의 목적격 (나를 , 나에게)

'you' - you의 목적격 (,)

'him' - he의 목적격 (,)

'her' - she의 목적격 (,)

'it' - it의 목적격 (,)

'us' - we의 목적격 (,)

'them' - they의 목적격 (,)

〈정답〉너를, 너에게, 너희들을, 너희들에게/ 그를, 그에게/ 그녀를, 그녀에게/ 그것을, 그것에게 /우리를, 우리에게 /그들을, 그들에게, 그것들을, 그것들에게 목적격은 주인공이 말하고자 하는 대상인 거 이제 쉽게 이해되셨죠?

참고로 이 목적격들은 주인공이 어떤 동작을 하는 대상이 되기 때문에 동작을 나타내는 동사 뒤에 온다는 것도 기억해주세요.

절대 문장 앞에 나와서 주인공처럼 쓰일 수 없어요. 주인공 자리는 개토끼송의 1번 타자 'I, You, He, She, It, We, They'들의 주격 전용좌석이니까요.

다음 편에는 '개토끼송'의 마지막 '4번 타자'를 만나실 수 있습니다.

다음 괄호( ) 안에 알맞은 인칭대명사를 넣어 문장을 완성해보세요.

1. ( ) bought ( ) a bike.
   나는 그에게 자전거를 사주었다.
2. ( ) make ( ) happy.
   넌 날 행복하게 해.
3. ( ) kissed ( ) last night.
   그녀는 어젯밤 내게 키스했다.

정답) 1. I, him 2. You, me 3. She, me

콩글리시 2탄 노트북!

여러분 가정에서 가장 많이 사용하는 가전제품이 무엇인가요?
냉장고? TV? 컴퓨터? 노트북? 세탁기?

이 중 여러분이 잘못 사용하고 있는 콩글리시가 있다는 거 아세요?
여러 번 훑어봐도 어떤 제품이 콩글리시인지 모르시겠죠?

이번에 배울 콩글리시는 바로 '노트북'!
'노트북'이 콩글리시라고? 대형 매장에서도, TV 광고 등에서도 다 '노트북'이라 하는데 이게 틀린 표현이라고?

네! '노트북'은 분명 틀린 표현이랍니다. 사실 '노트북'은 우리나라말로 '공책(notebook)'이라는 뜻이에요. 그렇기 때문에 외국에서 '노트북이 어디 있나요?'라고 물어보면 '공책(notebook)'을 이야기하는 줄 안답니다. 이런 실수를 안 하기 위해서는 '노트북'의 정확한 표현을 알아야겠죠?

노트북의 영어표현은 'laptop[랩탑]'이랍니다. 'laptop[랩탑] '은 'lap(무릎)+top(위)'이 합쳐진 단어로 '무릎 위에 놓고 쓸 수 있을 정도로 작고 가벼운 컴퓨터'를 말한답니다. 이제 아시겠죠?

미국 드라마나 영화에서도 'laptop[랩탑]'이라는 영어단어가 심심치 않게 들리니 꼭 한 번 확인해보세요!

개 쉬 운 영 어 !

15강

그 여자 내 거다! 건드리지 마!

박진영씨의 '그녀는 너무 예뻤다'의 노래처럼 천사 같은 여인과 사랑을 해보셨나요?
그런 여인을 만나면 어떻게 해야 할까요? 다른 남자들이 쳐다보지 못하게 철벽을 쳐야겠죠?
그럴 때 이렇게 외치세요!

"그 여자 내 거다!" [더워먼이즈 마인]

The woman is mine.

여기서 쓰인 개토끼송의 4번 타자 'mine[마인]'을 모르시면 어떻게 되겠습니까?
천사같이 예쁜 내 여자 뺏기는 거죠!
그래서 이 4번 타자가 중요한 거예요.
이 4번 타자를 '소유대명사'라고 하는데요. 이건 또 무슨 말이냐?
바로 '누구 거'라고 구분 짓자는 말이에요. 네 것인지, 내 것인지, 옆집 남자의 것인지 명백히 하자는 거죠.
간단히 말해 'my car(나의 자동차)'는 누구의 것이죠? 나의 것이죠. 바로 '내 거'예요. 이걸 영어로 'mine(나의 것)'이라고 하는 거예요.
개토끼송을 흥얼거리다 네 번째에 오는 녀석들을 사용하면 되는 것이죠.

" I my me mine you your you yours "

그럼 이제 누구 건지 맞춰봅시다!

‘mine’ - I의 소유대명사 (나의 것 , 내 것)

‘yours’ - you의 소유대명사 (,)

‘his’ - he의 소유대명사 (,)

‘hers’ - she의 소유대명사 (,)

X - it의 소유대명사 (없어요.)

‘ours’ - we의 소유대명사 (,)

‘theirs’ - they의 소유대명사 (,)

정답 너의 것, 네 것, 너희들의 것, 니들 것/ 그의 것, 걔 것
/ 그녀의 것, 그녀 것/ 우리의 것, 우리 것/ 그들의 것, 걔네들 것

I stepped on the poop.

나는 똥을 밟았다. [아이스뗍톤더 푸웊]

The poop is mine. [더푸웊이즈 마인]

그 똥은 나의 것이다.

자기 것은 ‘내 거야!’라고 분명히 말할 수 있는 여러분이 되시길 바랍니다.

개프팁! 소유대명사 더 배우기

* 소유대명사와 소유격의 모양이 같아요.

소유격 'his[히즈] 그의'와 소유대명사 'his[히즈] 그의 것'의 모양이 같은 것처럼요.

개쌤의 ····▶ Gassam's [개쌤즈]

개쌤의 것 ····▶ Gassam's [개쌤즈]

그럼 어떻게 구분 하냐고요? Gassam's 뒤에 명사가 나오면 '개쌤의 무엇'이라고 자연스럽게 해석하시면 돼요. 한번 문장을 보고 해석해볼까요?

- This is Gassam's laptop. 이것은 (   ) 노트북입니다.
- The laptop is Gassam's. 그 노트북은 (   ) 입니다.
- That is my mom's apron. 저것은 (   ) 앞치마에요.
- It is my mom's. 그것은 (   )이에요.

정답 개쌤의 / 개쌤의 것 / 우리 엄마의 / 우리 엄마의 것

해석이 잘 되시나요? 헷갈리시는 게 정상인데 다 맞으셨다면 정상이 아니신 겁니다. 천재이신 거예요!

오늘 인칭대명사의 끝판왕 소유대명사까지 다 배우셨는데요. 수학을 배울 때 구구단을 외워야 곱셈을 풀고 수학을 본격적으로 배우는 것처럼 여러분은 모두 영어를 시작할 아이템을 장착하신 거예요!

영어 말하기의 첫 단추를 끼신 여러분이 자랑스럽습니다. 꼼꼼하게 잘 끼셨죠? 헐렁하게 대충 끼면 풀어져 낭패를 봅니다. "개토끼송 뮤직큐!" 하면 언제 어디서나 바로 튀어나오는 분들은 준비 다 되신 거예요. 다음 편 가셔도 됩니다.

아직 안 되신 분들은 다시 신나게 연습하시고 완성되시면 단추 꼭 잠그시고 따라오세요.

1. 소유대명사의 단수와 복수의 연결이 잘못된 것을 고르세요.

❶ mine - ours ❷ hers - theirs
❸ yours - yours ❹ his - theirs ❺ its - its

2. 다음 중 소유대명사와 그 뜻이 바르게 연결된 것은?

❶ yours - 너의 것 ❷ mine - 그것들의 것
❸ theirs - 그녀의 것 ❹ hers - 그의 것
❺ ours - 그들의 것

정답) 1. (5) its는 소유대명사 자체가 없다. 2. (1)

개 쉬 운 영 어 !

16강

엄마 소리, 아들 소리를 찾아서…

영어를 배우기 위해서 우리는 맨 처음 A, B, C, D…를 공부했습니다. 알파벳을 다 외우고 나면 알파벳이 몇 개 모인 단어를 배웠죠. 알파벳 몇 개를 순서대로 맞춰 외우기만 하면 단어를 배우게 되니 얼마나 신기합니까? 보세요. 알파벳 a부터 z까지 26자 중에서 'a' 와 'n' 그리고 't'를 데려다가 붙여주면

'ant' 개미

가 됩니다. 꼭 끼워 맞추는 퍼즐 같아요.

쉽게 생각하니까 단어 외우는 것도 별것 아닌 것 같으시죠?

맞아요! 별 거 아닙니다!

한국어와 비교해서 설명해드릴게요.

초록색의 푸른 만원짜리 지폐에서 눈을 뜨고 바라보시는 우리 '세종대왕'님께서는 엄마 소리와 아들 소리를 만드셨습니다. 왜 아빠 소리는 안

만드셨는지 모르겠네요. 혹시 삼촌소리 이모소리도 만들어 달라고 할까봐? 농담입니다.

사실 한국어가 세계에서 손꼽힐 정도로 완벽하게 잘 만들어진 언어라는 사실을 아세요?

저는 영어를 공부하면 할수록 세종대왕님과 학자들이 대단하다는 생각을 합니다. 제가 지금 한글의 위대함을 증명하도록 하겠습니다.

우리 세종대왕님이 제일 먼저 만든 소리는 아들 소리(자음)인데요. 바로 우리가 어렸을 적 제일 먼저 배웠던 'ㄱ(기역), ㄴ(니은), ㄷ(디귿)…'을 말해요. 그럼 엄마 소리(모음)는 뭘까요? 예상하셨죠? 맞아요. 'ㅏ(아), ㅑ(야), ㅓ(어), ㅕ(여)…'를 말해요.

겹닿소리(자음 두개 합체) 'ㄲ, ㄸ, ㅃ, ㅆ, ㅉ'까지 합하면 자음은 모두 19자고요, 이중모음(모음 두 개 합체) 'ㅐ, ㅒ, ㅔ, ㅖ, ㅘ, ㅙ, ㅚ, ㅝ, ㅞ, ㅟ, ㅢ'까지 합하면 모음은 모두 21자나 되요. 개프가 갑자기 똑똑해 보이지 않나요? 한 개씩 세느라 너무 힘들었어요. 세종대왕님 쓰담쓰담 해주세요.

그럼 이제 영어를 살펴볼게요.

영어에서 알파벳 26자 안에 아들 소리(자음)와 엄마 소리(모음)가 섞여 있는데요. 제가 분리해볼게요.

영어 모음은 딱 5자! ('오자'라고 읽으신 분 없으시죠? '다섯 자'라고 읽어주세요.)

a, e, i , o, u

[에이, 이, 아이, 오우, 유]

그럼 여기서 문제! 영어 자음은 모두 몇 개일까요?

b, c, d··· 손가락으로 세고 계시죠? 개프는 귀신이랍니다.

알파벳 전체 26자에서 모음 5자를 빼보세요. 26-5=21

21자가 자음이네요.

오! 영어자음이 한글자음보다 2자가 많아요.

하지만! 우리는 모음이 21자나 됩니다. 영어모음 5자하고는 비교할 수 없지요. 하하하

제가 만든 건 아니지만 진짜 세종대왕님과 학자들께 박수를 보내드립니다.

왜냐고요?

모음 글자가 많으면 많은 단어들을 만들어낼 수 있거든요. 곰, 감, 금, 김, 검··· 등 신기하죠?

그런데 영어모음은 딸랑 다섯 자 'a, e, i , o, u'밖에 없었으니 단어를 만드는 데 한계가 있겠죠? 그래서 '발음기호'라는 것을 만들어 모음 하나로 여러 가지 발음을 표현합니다.

- 발음기호란? 말소리를 눈으로 볼 수 있는 형태로 나타내어 기록한 기호

  ex car[ka:(r)]

예를 들어 'a'의 소리를 살펴보죠.

cat [kæt] 고양이[캩] ····▶ [ㅐ]소리

car [kɑ:r] 자동차[카알] ····▶ [ㅏ]소리

cake [keɪk] 케이크[케잌] ····▶ [ㅔ 이]소리

call [kɔ:l] 부르다[코올] ····▶ [ㅗ]소리

again [ə'gen] 다시[어겐] ····▶ [ㅓ]소리

이야~! 'a' 하나로 5가지의 소리를 표현할 수 있네요. 하지만 모양이 하나라 무슨 소리로 내야 할지 참 난감합니다. 처음 보는 단어의 발음기호를 모르는 경우에는 자신 있게 읽을 수가 없어요.

이래서 모음이 다양한 한글이 멋진 겁니다. 개프의 개인적인 생각이에요.^^

여기서 여러분은 제게 이런 질문을 하시겠죠?

"개프쌤, 발음기호 다 외워야 하나요?"

개프팁! 발음기호 꼭 외워야 하나요?

이미 외우신 분은 잘 하셨고요, 못 외우신 분들도 괜찮습니다.
안 외우셔도 돼요. 발음기호를 아는 사람은 사전의 발음기호를 보고 눈으로 읽으려고 하지만 발음기호를 모르시는 분들은 오히려 사전에서 발음을 귀로 듣고 따라 말하려 합니다.
인간은 언어를 듣고 따라 말하며 발달하게 되어 있습니다. 발음기호 그대로 발음되지 않는 것도 있기 때문에 100% 신뢰하시면 안 돼요.
특히 영어는 억양이 올라갔다 내려갔다 하는 노래 같은 언어이기 때문에 모르는 단어가 있으면 인터넷으로 검색하시거나 전자사전을 통해 반드시 소리로 듣고 따라 말씀하셔야 됩니다.

여러분 이제 영어 전문가가 되셨어요. 알파벳을 분해해서 자음, 모음을 정복하셨으니까요. 다음 시간에는 오늘 배운 자음과 모음을 써먹어 볼게요. Bye~ Bye~

1. 알파벳은 26개로 되어 있습니다.
그럼 몇 개의 모음과 몇 개의 자음이 있을까요?

❶ 모음 2개, 자음 24개 ❷ 모음 4개, 자음 22개
❸ 모음 5개, 자음 21개 ❹ 모음 10개, 자음 16개
❺ 모음 0개, 자음 26개

2. 알파벳의 모음으로 알맞은 것은?

❶ a, e, i, o, z ❷ a, e, i, o, u
❸ a, i, o, q, u ❹ e, i, o, u, w
❺ b, c, d, f, g

정답) 1. (3) 2. (2)

개 쉬 운 영 어 !

17강

한 개밖에 없어도 나 꼭 데리고 다녀야 돼~!

영어와 우리말의 차이점 중 한 가지를 알려드릴게요.
영어는 문장의 명사가 하나일 경우에 'a[어]'를 붙여요. '하나의, 한 개의, 한 명의'라는 뜻으로 하나를 나타내요.
'나는 선생님이다'라는 우리말을 보면 '선생님'이라는 명사 앞에 아무 글자도 없어요.
하지만 영어로 표현한 'I am a teacher'를 보면 'teacher' 앞에 'a'가 딱 하고 붙어 있는 게 보이실 거예요.
"맞아! 맞아! 개프! 내가 저거 때문에 영어가 헷갈리고 어려웠어"라는 분 많으시죠?

우리는 우리의 언어에 맞추어 영어를 공부하려고 하니 헷갈리고 어려울 수밖에 없었죠. 영어는 영어를 쓰는 사람들 간의 언어 약속이에요. 우리도 따라 하려고 노력하면 되는 거예요. 우리 언어와 다르다고 어렵게 느끼지 마시고 신기하고 재미있다고 생각해보세요.

그렇게 얌전하고 부끄럼 많던 개쌤도 에너지 넘치고 유쾌한 방송을 하게 하는 개프랍니다. 여러분 저 믿고, 개쌤 믿고 잘 따라오세요.

영어는 자신감입니다! 아자!

자! 오늘의 영어약속!
'하나의 명사도 소중히!'

명사 앞에 'a'를 붙이는 연습을 해봐요. 평상시 연습을 계속 하지 않으면 정작 사용해야 하는 시점에서는 아무 생각도 안 나고 머릿속이 하얘진답니다. 그러니 계속 중얼거리고 사용하세요.

영어로 말해보세요.

1단계 한 권의 책 ····▶ **a book** [어 부욱]

2단계 책 ····▶ **a book** [어 부욱]

그냥 '책'이라고만 해도 'a book'이라고 바로 나와야 해요. 단어 암기할 때 처음부터 'a'를 붙여 암기하면 더욱 좋아요.

3단계 이것은 한 권의 책이다. ····▶ **This is a book.** [디스이저 부욱]

is[이즈]와 a[어]를 이어서 말하면 [이저]라고 자연스럽게 발음 됩니다.

4단계 이것은 책이다. ····▶ **This is a book.** [디스이저 부욱]

마지막 4단계처럼 우리는 명사가 한 개일 때는 굳이 한 개라는 표현을 하지 않잖아요? 그래서 더욱 신경 써서 연습해야 해요.

한 번 더 말해보세요!

· 가방 ····▶ a bag [어 빼액]

· 그것은 가방이다. ····▶ It is a bag. [이리저 빼액]

이제 좀 익숙해지셨나요? 오늘만 말하고, 내일부터 안 하시면 안 돼요. 명사 단어만 보면 바로바로 'a'를 붙여 말씀하시기를 습관화하셔야 해요. 방에서도 침대를 보고 'a bed[어 베ㄷ]', 이불을 보고 'a blanket[어 블랭킷]' 하시면서 연습해보세요.

'a'를 바르게 설명한 것은?

1. 복수형에 사용한다.
2. 하나의, 한 개의, 한 명의로 해석된다.
3. 사람이름 앞에 붙인다.
4. 특별한 명사 앞에 붙인다.
5. 동사 앞에서 동사를 수식해준다.

정답) 2

개 쉬 운 영 어 !

18강

걔가 널 힘들어하면 나를 불러!

지난 시간에 문장의 명사가 '하나'일 경우에 'a[어]'를 붙이는 연습을 해 보았죠? a pencil[어 펜쓸] 연필, a watch[어 왓취] 시계 … 이렇게요. 오늘은 'a'를 넣어 발음했을 때 발음이 불편한 명사 단어들을 몇 개 데려와볼게요.

apple [애쁠]　　egg [에ㄱ]　　iguana [이구아나]

orange [어륀쥐]　　umbrella [엄브뤨라]

위 단어들의 공통점을 찾으셨나요?
맞아요. 단어의 첫 글자가 'a, e, i, o u', 모두 엄마 소리 '모음'으로 시작해요. 모음으로 시작하는 단어 앞에 또 모음 'a'가 있으면 모든 인간은 발음하는 데 불편을 느끼고 자연스럽지 않은 발음을 하게 돼요. "어 아닌데?

난 괜찮은데!" 하시는 분들은 인간 아닙니다. 초능력자? 외계인?

그래서 사과를 a apple[어애쁠] 이라고 발음하지 않고, an apple[어내쁠]이라고 발음하는 것이랍니다.

아하~! 그랬구나~! 하시는 수많은 분들의 소리가 들려오네요.

그럼 위에 나왔던 모음으로 시작하는 몇 개의 단어들을 가지고 연습해 봅시다.

an apple [어내쁠] **an egg** [어네ㄱ]

an iguana [어니구아나] **an orange** [어너륀쥐]

an umbrella [어넘브뤨라]

참고로, 단어가 'a, e, i, o u', 모음으로 시작한다고 모두 앞에 'an'을 붙이시면 안 되는데요. 이유는 영어에는 무시무시한 '죽은 소리'가 등장하기 때문입니다. 무슨 말이냐고요?

알파벳은 분명 있는데 소리가 안 나는 발음들이 있단 말이죠.

예를 들면, 우리가 좋아하는 Christmas 크리스마스! 알파벳을 살펴보면 소리가 안 나는 '죽은 소리'가 있어요. 한 번 찾아 O표 해볼까요?

Q Christmas

정답. ⓣ

다 찾으셨죠? 크리스마스를 크리스트마스라고 하는 사람은 없잖아요. 그건 'ť'가 죽은 발음이어서 그래요. 문법용어로 묵음이라고 하는데요, 개프는 강하게 기억되시라고 '죽은 발음'이라고 알려드릴게요.

그럼 '첫소리'가 죽은 발음인 녀석을 한번 데리고 오겠습니다.

hour [아월]

'한 시간'이라는 뜻의 단어인데요. 발음을 보면 죽은 알파벳을 찾으실 수 있을 거예요. 뭘까요? 맞아요. 'h'가 발음되지 않아요. 'h' 소리가 죽었거든요. 그럼 'hour'에서 죽은 소리 'h'를 빼면 무슨 글자만 남을까요?

맞아요. 'our'만 남게 돼요. 그래서 [아월]이라고 발음하는 거예요.

그럼 여기서 문제!
our[아월]만 남았으면 첫소리는 모음일까요? 자음일까요?
딩동댕! 맞아요! 'o'는 모음소리에요.
그러면 앞에 'a'를 써야 할까요? 아니면 'an'을 써야 할까요?
당연히 오늘 배운 'an'을 써야겠죠?

an ħour

짝짝짝!!! 잘하셨어요!
첫소리 모음 찾는 것도 이제 알았는데 죽은 첫소리도 알아내야 돼서 정신없을 것 같다고요? 아니에요. 죽은 자음 첫소리가 그리 많지 않거든요. 그때그때 알게 되는 단어만 숙지하시면 되고, 대부분 'a, e, i, o, u'로 오면 모음소리가 난답니다.

개프팁! a uniform? an uniform?

'u'로 시작하는 단어 중에 어떤 건 'a'를 붙이고, 또 어떤 건 'an'을 붙여 헷갈리셨죠?
제가 모음 하나로 여러 발음을 표현한다고 말씀드렸었어요. 'u'도 여러 발음을 낼 수 있어요.
'umbrella 우산'의 'u'는 [어] 소리가 나서 모음으로 인정!

an umbrella [어넘브렐라]

'uniform 유니폼'의 'u'는 [juː유]소리가 나서 자음으로 인정! 발음기호 [j]는 알파벳 'y'소리거든요.

a uniform [어유니폼]

어려우시면 살짝 이해만 하시고 'u'로 시작하는 단어들 중 [유]라고 발음되는 단어들만 'a'를 붙이세요. 이렇게 발음되는 것도 몇 개 안 되거든요!
a unicorn(유니콘), a university(대학교) 요 정도만 기억하세요.

POP QUIZ
'an'을 붙일 수 있는 명사는?
❶ an banana ❷ an notebook ❸ an cup
❹ an jeans ❺ an eraser

정답) 5

개쉬운영어

개 쉬 운 영 어 !

19강

♬개데렐라송

지난번에 '개토끼송' 덕분에 인칭대명사를 쉽게 공부하셨죠?
이번 시간에도 제가 노래를 하나 준비했어요. 개프는 여러분이 외워야 하는데 외우기 힘들거나 헷갈리는 것들을 노래로 만들어드리는데요. 그럼 오늘 배울 내용이 무엇이기에 노래로 만들었을까요? 궁금하시죠?

17, 18강에서 우리는 명사가 하나일 때 'a'나 'an'을 붙이는 연습을 해봤어요. 오늘은 명사가 한 개인지, 두 개인지 정확히 '셀 수 있는 명사'와 숫자로 세기에 애매한 '셀 수 없는 명사'들에 대해 공부해볼 거예요.

셀 수 있는지 없는지, 그게 뭐가 어렵냐고요?
그럼 한 번 맞춰보세요.

'맞네. 좀 헷갈리네…' 하시는 분들 많으시죠?

물건의 모양이 원래 태어났을 때부터 명확한 녀석들이나 상품으로 만들어져서 판매되는 것들은 셀 수 있다고 생각하시면 돼요.
아기, 동물, 책상, 의자, 컴퓨터… 등이 있죠.
그래도 셀 수 있는 명사들은 쉬워요.

하지만 셀 수 없는 명사들이 참 애매하죠. 이건 셀 수 있나? 없나? 한 번쯤 생각해보게 되는 것들이 있죠.
빵, 버터, 잼, 물, 모래, 서울, 공기… 같은 것들이요.

으악! 어려워!
더 쉽고 신나게 공부해볼까요?

머리 아픈 셀 수 없는 명사들로 노래를 만들었습니다.

이름하야 '♬개데렐라송'!

'♪신데렐라'노래에 맞추어 신나게 따라 부르시면 돼요.

어렸을 때 불렀던 추억의 노래 다들 기억하시죠?

"♬신데렐라는 어려서 부모님을 잃고요~♪" 아주 슬픈 노래네요.

개프가 신나게 개사했습니다. 함께 불러봐요.

Point! 중요한 것은 외우는 게 아니라 반복해서 즐겁게 따라 부르시는 겁니다! 개쉬운영어 홈페이지(www.gashwoon.com)에 '개쌤'이 부른 '개데렐라송'을 참고하세요.

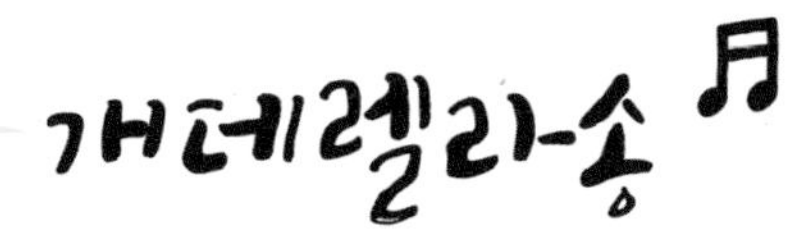

Gassam은 Korea에서
milk 먹고 자랐구요
sugar 잔뜩 cheese, cake
너무 너무 좋아해요~
bread에다 butter, jam을
juice와 함께 먹어요
air, money, water, paper
셀 수 없는 명사송이다~!

위 가사를 보면 셀 수 없는 명사들이 모여 있는데요.
먼저 Gassam[개쌤]은 사람이죠. 사람이름은 셀 수 없어요. 개쌤이라는 이름을 가진 동명이인은 있을 수 있지만 얼굴, 성격, DNA 전체가 같은 사람은 없죠. 그래서 셀 수 없어요.
세상에 하나밖에 없는 유일한 존재들은 셀 수 없답니다. 'Korea 한국' 같은 나라이름이나 'Seoul 서울' 같은 도시이름도 셀 수 없어요. 고유하게 붙여진 이름이니 존중해줘야겠죠? 그래서 고유명사라고 해요.

다음 bread 빵, butter 버터, water 물… 이런 것들은 모양이 일정하지 않잖아요. 이런 것들은 셀 수 없어요.
물 한 개라고 셀 수 있을까요? 물 한 컵, 물 한 병이라고 담는 도구를 세어 말할 수는 있지만 온전히 물만 가지고는 셀 수 없잖아요.
형태가 일정하지 않은 이런 녀석들을 물질명사라고 합니다.

마지막으로 요 녀석들은 진짜 셀레야 셀 수가 없어요. 셀 수 없는 명사의 끝판왕! 셀 수 없는 명사계의 '신'!
'추상명사'인데요. 요건 '신'처럼 눈에 안 보이고 만질 수도 없어요.
'math 수학, tennis 테니스, love 사랑' 이런 명사들은 만질 수 없죠?
그래서 추상명사라고 하는데요. 과목이나 운동, 평화, 도움… 이런 명사들이 해당돼요.
아~ 이런 것들이 셀 수 없구나 하고 이해만 하시고요, 셀 수 없는 명사송, '개데렐라송'만 기억하시면 될 것 같아요.

개프팁! 아이스크림은 셀 수 있을까요?

원칙적으로는 아이스크림은 셀 수 없어요. 베스킨라** 아이스크림 가게처럼 큰 통 안에 있는 아이스크림은 셀 수 없어요.
하지만 마트에 파는 막대 아이스크림처럼 한 개씩 포장되어 있는 아이스크림은 셀 수 있답니다.
결국 셀 수도 있다는 얘깁니다. 영어는 이렇게 해도 되고 안 해도 되는 것들이 많기 때문에 모든 문법을 꼼꼼히 완벽하게 외우실 필요 없어요.
그때그때 상황에 따라 배우고 터득하시면 됩니다.

한국인들이 좋아하는 커피는 셀 수 있을까요?
커피는 액체이고 컵 같은 도구를 사용해 'a cup of coffee(한 잔의 커피)'라고 세지 않으면 원칙적으로 셀 수 없죠. 하지만 매일같이 자주 마시고 자주 사용하는 'coffee' 같은 명사는 'a coffee'라고 말할 수 있답니다. 영어를 쓰는 사람들 간의 자연스러운 언어약속이 된 거죠.

Get me a coffee. [겔미어 커퓌]

커피 한잔 주세요.

따뜻한 커피가 땡기네요. 커피 한 잔 해야겠어요.
여러분도 향기로운 하루 보내세요.

다음 중 '셀 수 없는 명사'로만 이루어진 것은?

❶ water, orange
❷ computer, sugar
❸ air, airplane
❹ juice, milk
❺ butter, bicycle

정답) 4

해설) water(물), sugar(설탕), air(공기), juice(주스), milk(우유), butter(버터)는 셀 수 없는 명사들이다.

개 쉬 운 영 어 !

20강

그 가발 그 남자 거야

개순 개프, 너도 이 치과 다녔어? 나 어제 술 먹고 노래방 가서 신나게 흔들다가 넘어져서 앞니 다 나갔잖아.

으이구, 도대체 몇 번째야! 조심 좀 하지! 개프

개순 개프야, 개프야, 근데 네 옆에 앉은 남자 좀 봐봐. 잘생겼다. 그치?

개프: 누구? 아! ㅋㅋ 참 남자 스캔 능력 하나는 국가 대표급이다!

'딩동! 김개순씨! 들어오세요!'

개순: 나 갔다 올게. 그 남자 내가 찜했다!

잠시후…

개순: 개프야, 그 남자 어디 갔어?
근데… 이거 뭐지?

개순: 어머! 이 걸레 같은 가방은 누가 두고 간 거야! 어머! 어머! 가방에서 이상한 냄새 나! 개프야 너도 맡아봐!

개프: 개순아, 그거 가발이야.
그 가발 그 남자 거야. 더운지 벗고 들어 가더라.

개순: ..... 술 땡긴다. 개프야, 가자!

여러분, 개프와 개순이의 에피소드 즐겁게 보셨나요? 여러분에게 오늘 배울 내용을 이 안에 넣어두었는데요. 눈치 채신 분 계신가요? 많이 등장하는 낱말을 찾아보세요.

찾으셨나요? 맞아요.

'그 남자'

영어로는 '**the man**[더맨]'이라고 하죠.

오늘은 '남자(man)'라는 명사 앞에 붙어 있는 '그(the)'에 대해 공부해 볼게요.

위 에피소드를 보면 이해가 빠르실 텐데요. 두 여자가 한 남자에 대해 이야기를 나누는 문장이 있어요.

개순: "네 옆에 앉은 남자 좀 봐봐. 잘생겼다. 그치?"

처음에 개순이는 개프에게 '네 옆에 앉은 남자'를 보라며 처음 그 남자를 언급했어요.

그 다음 개프가 그 남자가 누구인지 인식하자 그때부터 개순이와 개프는 이 단어를 사용하며 대화하기 시작하죠. 바로 '그 남자'!

서로 대화하는 사람이 누굴 말하는지 아니까 간단히 '그 남자'라고 말하고 있어요.

여기서 잠깐!

"개프쌤, 남자가 한 명이니까 a man 하면 안 되나요?"라고 하시는 분도 계신데요. a man이라고 하면 세상 모든 남자 중 정해지지 않은 남자를 말해요.

예를 들면, This is a man. 이 사람은 남자야.
세상에 있는 많은 남자들처럼 그냥 남자들 중 한 사람이란 뜻이에요. 이해되시죠?

개프 **It is a wig.** [이리저 위ㄱ]
"그거 가발이야."

The wig is the man's. [더위기즈 더맨즈]
"그 가발 그 남자 거야."

첫 번째 개프가 말한 가발에는 a wig를 썼어요. 세상 많은 가발 중에 하나라고 말하고 있는 거죠. 두 번째에는 'The wig(그 가발)'라고 첫 번째에 말했던 가발을 꼬집어 말하고 있는 것이죠. 이해되시죠? 이야! 개프 잘 가르친다! 쓰담쓰담 해주세요.^^
다음 시간에는 특별한 'the'를 더 많이 만나보도록 해요. 빠잉~

정답) 4

콩글리시 3탄 믹서기!

건강을 위해서 아침마다 야채들을 믹서기에 넣어서 갈아 드시는 분들 많으시죠? 우리의 건강을 책임지는 '믹서기'도 콩글리시라고 하면 믿으시겠어요?

'믹서(mixer)'라는 단어가 들어가서 뭔가 혼합하고 섞어줄 것 같은 느낌이 나죠?
그래서 많은 분들이 '믹서기(mixer)'가 올바른 표현인 줄 알고 계신답니다.

믹설(mixer)은 '혼합기'라는 뜻이에요. 콘크리트 섞는 기계나 음악을 섞는 기계를 말한답니다. 그럼 우리가 사용하는 진짜 '믹서기'의 이름은 무엇이냐?
'blender[블렌덜]'이 여러분이 한국에서 사용하시는 '믹서기'의 진짜 이름이에요. 이름이 좀 생소하시죠?

개프와 함께 '콩글리시'를 배운 후에는 꼭 여러 번 사용해보세요. 그렇지 않으면 해외에 나가서도 '믹서기'라고 이야기하게 된답니다.

집에 맛있는 사과가 있다면 남편이나 부인한테 이렇게 이야기하세요!
"허니! 나 블렌덜(blender)로 맛있는 사과주스 좀 해줘!"

21강

나를 버리지 마. 날 가져!

우리 지난 시간에 'the'에 대해 공부했었죠? the는 대화를 하는 상대가 서로 알고 있는 명사를 반복해 이야기할 때 쓰인다고 했었어요. 그럼 꼭 그럴 때만 사용할까요?

아니에요. 전혀 다른 상황에서도 많이 쓰인답니다. 그래서 오늘은 <u>언제 'the'를 또 사용하는지, 또 어느 때는 절대 사용하지 않는지</u> 배워보도록 할게요.

먼저 'the'를 꼭 필요로 하는, 'the'를 소중히 생각하는 명사들을 알려드릴게요.

첫째 소중한 것이 소중함을 알아본다.

세상에 단 하나밖에 없는 '유일무이'한 존재들,

'sun(해), moon(달), earth(지구)… 등' 아주아주 소중한 이런 명사들 앞에는 꼭 'the'를 붙입니다.

그럼 여러분이 한번 소중히 붙여주세요.

(the) sun, (the) moon, (the) earth

둘째 악기이름 앞에 'the'를 붙여주세요.

이렇게 생각하면 기억하기 쉬우실 거예요. 악기를 연주하는 예술가들은 연주를 할 때마다 아무 악기나 막 들고 올라가서 연주하지 않지요? 항상 자신의 악기를 소중히 여기고 자신의 '그 악기'만을 사용하여 연주합니다.

I play the guitar. [아이 플레이더 기타알] 나는 기타를 연주해.

셋째 이름 있는 건물들(식당, 박물관, 호텔, 극장) 앞에도 'the'를 붙여주세요.

The Hilton Hotel [더 힐튼 호텔] 힐튼 호텔

이번에는 'the'를 사용하지 않는 명사들을 알려드릴게요.

바로 매일 먹는 식사이름 '아침식사, 점심식사, 저녁식사'와 운동이름 '축구, 야구, 농구… 등'에는 'the'를 붙이지 않아요.

I had dinner. 저녁을 먹었어. [아이햅 디널]

I play soccer. 축구를 한다. [아이플레이 싸껄]

식사이름 앞에 'the'를 붙이면 안 되는데 굳이 붙여서 말을 했다면? 그건 약속되어 있는 식사를 말해요.

'<u>The</u> dinner was good. 그 저녁식사 좋았어요.'

이 문장처럼요. 저녁에 뭘 먹었길래 저리 좋았을까요? 저녁메뉴가 좋았을까요? 같이 먹는 상대가 좋았을까요?

- was는 be동사 is의 과거형태랍니다. 과거형은 다음책에서 자세히 배운답니다!

개프 자! 지난 시간에 이어서 이번 시간까지 'the'에 대해 공부했는데요. 정말 자주 쓰는 'a'와 'the'가 늘 헷갈리셨었죠? 이제는 좀 시원해지셨나요? 자다가 남의 다리 긁고 계신 분은 없으시죠? 이쯤해서 질문 한번 받아볼까요? 질문 주세요!

애청자 개프쌤, 질문이요!!

개프 네, 봉천동의 왕성기님! 질문하세요!

애청자 어느 날 영화를 보다 끝 장면에 The end!라고 써 있는데 [디엔드]라고 말하는 소리를 들었어요. [더엔드]라고 발음해야 하는데 잘못 발음한 거 아닌가요?

개프 첫소리가 모음으로 발음되는 명사 앞에 쓰인 'the'는 [디]라고 발음해주세요. 이것 역시 'a'를 'an'으로 바꾸어 편하게 발음했던 것처럼 [디]라고 발음하셔야 모음연결이 자연스럽답니다. 'the'는 'a'처럼 'an'으로 모양이 바뀌진 않아요. 소리만 [디]라고 말하셔야 해요.

개프 그래서 사람들이 깜빡하고 그냥 [더]라고 틀리게 발음할 때가 많은데요. 상관없어요! 틀리는 걸 절대 두려워하지 마세요. 틀려야 고칠 수 있고, 그렇게 해서 배운 언어는 절대 까먹지 않는답니다. 살짝씩 틀려도 외국인들 다 알아들어요. 조금씩 틀려줘야 귀엽고 인간미 넘쳐 보이지 않겠어요? ㅎㅎㅎ

애청자 아, 그렇구나. 이제 확실히 알았어요.

개프 왕성기씨! 그럼 제가 문제 내볼게요.
우리말로 말해드리면 영어로 말해주세요!
자! 시작합니다!"

애청자 네. 아~ 떨려.

개프 그 사과

애청자 the apple [디애쁠]

개프 그 개미

애청자 the ant [디앤트]

개프 와우! 왕성기씨! 대박! 이름처럼 대단하시네요! 다 맞추셨어요.
참여해주신 왕성기씨께는 '개쌤'의 새 영화 '개쌤의 은밀한 하루' 티켓 두 장을 선물로 보내드리겠습니다.
왕성기씨 감사드립니다.

개프 다음 시간에는 수업을 쉽게 설명하기 위해 '개쌤의 눈'이 필요해요.
요새 개쌤도 저와 함께 새벽에 책을 쓰느라 눈이 '퀭'한데요.
다음 시간을 위해서 당근 주스를 갈아줘야겠어요.
다음 시간에 개쌤의 맑은 눈을 데리고 여러분 곁으로 찾아올게요.

개쉬운라디오 애청자 여러분, 사랑합니다.
지금까지 개프였습니다.

정답) 3 운동이름에는 the를 붙이지 않는답니다.

개쉬운영어

개 쉬 운 영 어 !

22강

S라인 몸매의 여가수 등장

오늘 수업을 위해서 제가 개쌤의 초롱초롱한 '눈'과 요새 S라인의 몸매로 전 세계를 강타하고 있는 아이돌 여가수 두 분, '에쓰(s)씨와 이에쓰(es)씨'를 모셨습니다.

이번 시간과 다음 시간에 저와 함께 여러분의 이해를 도와주실 특별한 두 분과 개쌤의 '눈'께 감사드리며 수고해주세요.

시작합니다.

세상 모든 사람, 동물, 사물 등 이름이 있는 말을 무엇이라고 했죠? '명사'라고 했습니다. 이 중 '하나, 둘…' 이렇게 셀 수 있는 명사와 셀 수 없는 명사들을 배웠는데요.

오늘은 셀 수 있는 명사들을 세는 방법, 노하우를 전수해드릴게요.

우선 'spider[스빠이럴]' 거미를 데려와볼게요.

'a spider'

여기까지 배웠죠? 다음 그림을 보세요.

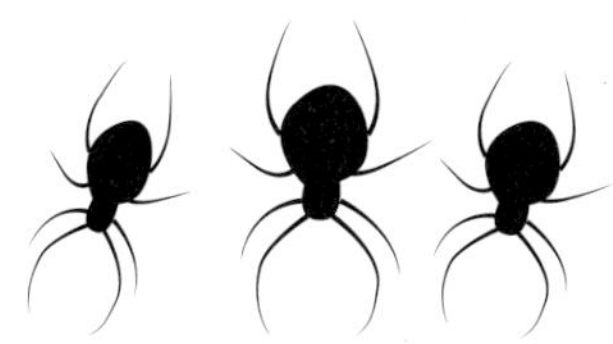

이 그림에서는 거미가 한 마리가 아니니까 당연히 'a'를 쓰면 안 돼요.

'a'를 지워볼게요.

'~~a~~ spider'

그리고 '거미들'이라고 '들'을 표현해볼게요. 어떻게 하느냐?

바로 이때 'S라인의 아가씨들'을 붙여주면 돼요.

'spiders' 바로 이렇게요.

S라인 아가씨들의 걸 그룹 이름이 바로 '들'이거든요! 음하하하

그럼 '들'이라고 여러 개를 표현하려면 's' 아가씨만 붙이면 되느냐? 그렇진 않아요. 그러면 'es' 아가씨 삐지겠죠? 지금부터 's' 아가씨와 'es' 아가씨 사용법을 알려드릴게요.

이때 필요한 건 뭐? 개쌤의 예리예리한 '눈'!

항상 단어의 끝을 잘 보셔야 해요.

1. 보통은 's' 아가씨를 붙이세요.

발음은 [ㅅ, ㅈ, ㅊ]라고 납니다. 규칙을 외우려 하지 마시고 전에 말씀드렸듯이 전자사전(인터넷)을 통해서 자연스럽게 듣고 따라 말하며 익히세요.

2. 끝이 'y'로 끝나는 단어를 찾은 후 'y' 바로 앞의 글자가 '자음'이면 'y'를 발음이 비슷한 'i'로 바꾸고 'es' 아가씨를 붙이세요.

- 끝이 'y'로 끝나는지 보기

- 'y' 바로 앞의 글자가 '자음'이면! "요놈 잘 걸렸다!"

fly

자음

- 'y'를 발음이 비슷한 'i'로 바꾸고 'es' 아가씨를 붙이세요.

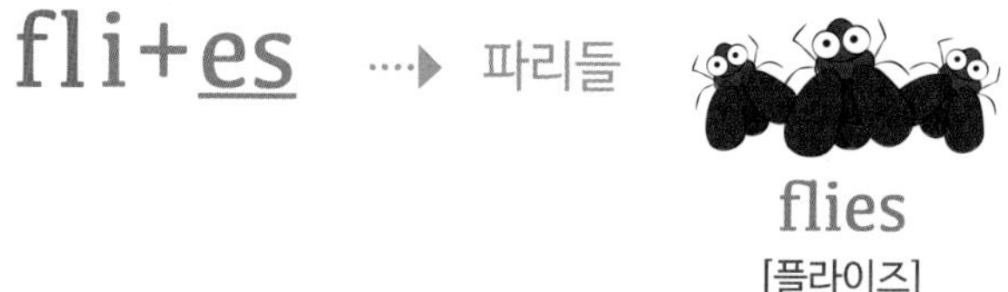

짜잔!! 완성!!

이번 시간에는 걸 그룹 '들'의 's'와 'es'씨의 사용법을 살짝 알아보았는데요, 다음 시간에는 'es' 아가씨의 슬픈 전설과 엄청난 능력들을 알려드릴게요.

개프팁! 난 태어날 때부터 쌍둥이었어.

원래 태어날 때부터 쌍둥이로 태어난 아이들이 있습니다.

eyes [아이ㅈ] 눈, **lips** [립ㅅ] 입술, **ears** [이얼ㅈ] 귀

- s나, es를 붙여서 함께 사용하는 횟수가 더 많습니다.

My eyes are brown. [마이아이즈알 브롸운]

내 눈은 갈색이야.

My lips are chapped. [마이립스알 췝ㅌ]

내 입술이 텄어.

이 밖에 glasses(안경), jeans(청바지), socks(양말), shoes(신발), pants(바지), gloves(장갑), scissors(가위)… 등도 쌍둥이들이랍니다.

- 만약 양말(socks) 한 짝만 말할 경우에는 's'를 빼주면 되겠죠?

There is a hole in my sock. [데얼이저홀 인마이싹]

내 양말 구멍 났어.

셀 수 없는 명사 'water(물)'이나 'milk(우유)' 같은 건 그냥 안 세고 말하나요?
액체처럼 수를 세기 애매한 것들은 'some[썸] 좀'을 붙여주세요.

I want some milk. [아이원썸 미열]

우유 좀 주세요.

Get me some water. [겔미썸 워럴]

물 좀 주세요.

1. 다음 중 명사 뒤에 's'를 붙일 수 없는 것은?

❶ desk ❷ elephant
❸ water ❹ bag ❺ car

2. 다음 중 단수명사를 복수명사로 바르게 바꾼 것은?

❶ fly - flies ❷ zombie - zombfes
❸ tiger - tigeres ❹ taxi - taxies
❺ subway - subwies

정답) 1. (3) 2. (1)

해설) 1. water은 셀 수 없는 명사이므로 's'를 붙일 수 없다.
2. ② zombies ③ tigers ④ taxis ⑤ subways가 알맞다.

콩글리시 4탄 와이셔츠!

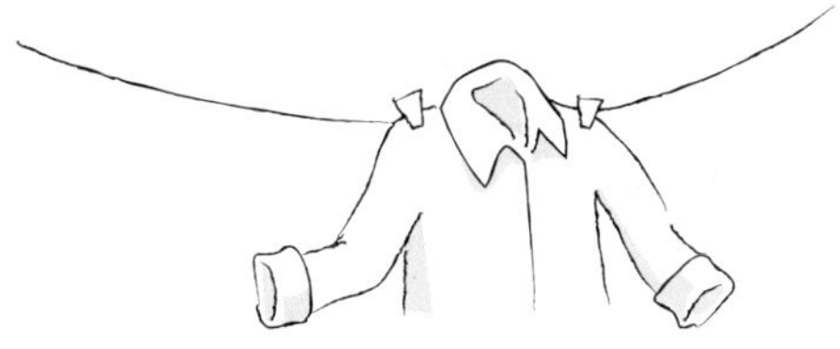

오늘 배울 표현은 여러분들이 결혼식장에 가거나 한껏 멋을 부리고 출근할 때 입는 옷 종류 중에 하나입니다. 어떠한 사람도 품위 있게 변신시켜주는 마법의 옷! 그건 바로 '와이셔츠'!

와이셔츠? 이게 왜 콩글리시죠? 며칠 전 마트에서 '와이셔츠' 초특가 할인이라 해서 샀는데.

한국에서 '와이셔츠(white shirt)'라 불리는 이 옷은 사실 일본인들이 처음 만들어낸 잘못된 영어표현이랍니다. 일본사람들이 이 옷의 색깔이 흰색인 걸 보고 흰색(white)과 셔츠(shirt)를 섞어서 '와이셔츠(white shirt)'라고 이름을 붙이고 지금까지 사용하게 된 거죠.

여러분들이 잘못 사용하고 있는 콩글리시 중에는 일본에서 많이 쓰이는 영어표현들이 많답니다. 이제 그런 표현을 사용하지 않아야겠죠?

그럼 '와이셔츠(white shirt)'의 정확한 영어표현은 무엇일까요?
이 옷의 진짜 영어표현은 바로 'dress shirt[드뤠셜]'!

오늘 혹시나 중요한 미팅 자리가 있으시면 이렇게 이야기해보세요.
"허니! 잘 다려진 드뤠셜(dress shirt) 어디에 있어?"

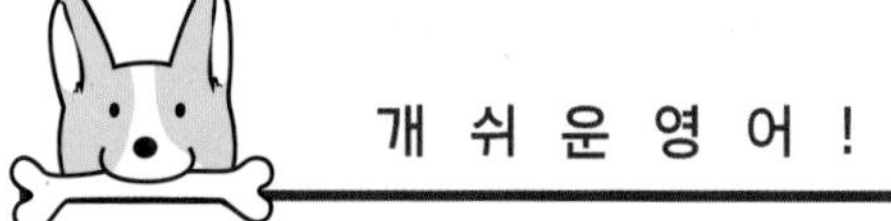

23강

'이에쓰' 아가씨의 슬픈 전설

2011년 3월 11일 일본 대지진이 있던 날.

일본의 한 마을에 가수를 꿈꾸는 'es(이에쓰) 아가씨'가 살고 있었습니다. 저녁준비를 하고 있던 'es 아가씨'는 갑자기 소변이 마려워 화장실로 달려갔습니다.

"쉬~~(sh)"

그런데 갑자기 주방에서 이런 소리가 들려옵니다.

"취취취취 취취취취~~~ (ch)"

"아이구야!"

옷을 주섬주섬 주워 입고 나가려는 순간 집이 흔들리기 시작했습니다.

"어머나!"

대지진이 시작된 것입니다.

겁에 질린 'es 아가씨'는 옥상에 올라가 구조요청을 외칩니다.

"살려주세요!"

그녀의 목소리를 듣지 못한 구조헬기는 그냥 지나가버리고 맙니다.

'es 아가씨'는 어디서 본 건 있어가지고 구조요청 기호를 옥상 바닥에 크게 그리기 시작합니다.

"S.O.X"

오마나! 이 여자 계속 이렇게 소리칩니다.

"살려주세요! 에쓰오엑쓰(SOX)!"

잘못된 구조요청을 외친 'es 아가씨'는 결국 구조되지 못하고 숨지고 맙니다.

그 후로 'sh[쉬], ch[취], s[에쓰], o[오], x[엑쓰]' 소리가 나는 단어를 말할 때마다 'es 아가씨'가 귀신같이 나타나 뒤에 달라붙는다고 합니다.

참 가슴 아프고 눈물 없인 볼 수 없는 가여운 'es 아가씨'의 이야기네요.

하지만 'es 아가씨' 덕분에 여러분은 명사의 복수형을 쉽게 만들 수 있게 되었어요. 복수는 한 개가 아닌 두 개 이상, 또는 여러 개를 말해요. 복수의 반대말은 단수에요. 딱 한 개를 말하는 거죠!
지난 시간에 이어 명사의 복수형 만들기 시작해볼게요.

3. 끝이 'sh, ch, s, o, x'로 끝나는 명사에 'es' 아가씨 귀신이 달라붙어요.

dish [디쉬] ····▸ dishes [디쉬ㅈ]
접시

church [쳘취] ····▸ churches [쳘취ㅈ]
교회

bus [버스] ····▸ buses [버씨ㅈ]
버스

tomato [토메이로우] ····▸ tomatoes [토메이로우ㅈ]
토마토

fox [퐉스] ····▸ foxes [퐉씨ㅈ]
여우

발음은 [즈, 또는 이즈]라고 납니다.

4. 끝이 'f'나 'fe'로 끝나는 '끝이 썩은 단어'를 찾은 후 'f'나 'fe'를 도려내고, 'f'를 깨끗한 'v'로 바꾸고 'es' 아가씨를 붙이세요.

- 끝이 f나 fe로 끝나는지 보기!

- 끝이 썩은 단어의 f나 fe를 과감하게 잘라주세요!

wolf　wife

- f나 fe를 잘라낸 자리에 깨끗한 'v'로 채워주고 'es' 아가씨를 붙이세요.

짜잔!! 완성!!

발음은 [브ㅈ]라고 납니다.

지금 저와 함께 공부한 명사의 복수형은 그래도 규칙적으로 모양이 변하는 친구들이고요, 그렇지 않은 녀석들도 있어요.

자기 자신을 너무 사랑해서 하나일 때나 여러 개일 때나 항상 모양이 변치 않는 fish[피쉬] 물고기, deer[디얼] 사슴, sheep[쉽] 양, salmon[쌔먼] 연어 같은 동물들도 있고요, 모음만 살짝 변하는 녀석들도 있어요.

man[맨] 남자 - men[멘] 남자들
tooth[투씨] 치아 - teeth[티씨] 치아들

또 어떤 건 완전히 딴 아이로 탈바꿈하는 녀석들도 있답니다.

child[촤일ㄷ] 아이 - children[췰드뤈]아이들
mouse[마우ㅅ] 쥐 - mice[마이ㅅ] 쥐들

명사가 하나가 아닌 여러 개를 말하고 싶을 때는 '개쌤의 눈'을 기억하시고 항상 단어의 끝을 주의 깊게 살핀 후 요리 조리 변신해서 써야 한다는 거 명심하세요.

명사의 복수형이 어렵게 느껴지시거나 잘 이해가 안 되시는 분들은 개쉬운영어 홈페이지에서 동영상강의를 참고하세요. 아주 자세히 개쌤이 설명해드린답니다.
여러분은 지금까지 영어 말하기를 하기 위해서 준비운동을 하셨어요. 다음 시간부터는 본격적인 영어문장 말하기를 시작합니다.
설레는 마음으로 만나요. Good bye.

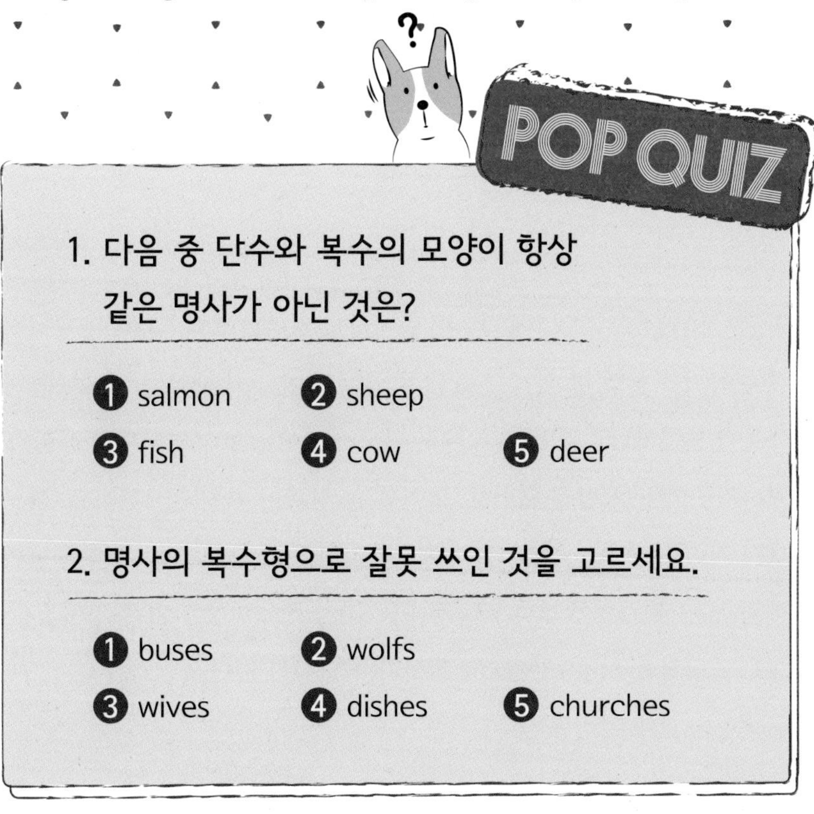

1. 다음 중 단수와 복수의 모양이 항상 같은 명사가 아닌 것은?

❶ salmon ❷ sheep
❸ fish ❹ cow ❺ deer

2. 명사의 복수형으로 잘못 쓰인 것을 고르세요.

❶ buses ❷ wolfs
❸ wives ❹ dishes ❺ churches

정답) 1. (4) cow(소)의 복수형은 cows 2. (2) wolf(늑대)의 복수형은 wolves

개 쉬 운 영 어 !

24강

'영포자'들을 살린 '♬개당근송'

제가 학생들과 성인들에게 영어를 지도한 지도 벌써 10년이 지났는데요. 여러분께서 영어 말하기를 하지 못하는 이유를 잘 알아요.

학창시절에는 학교시험에 맞추어 공부하다 보니까 말하기보다는 교과서 내용 암기와 문법 암기, 수준에 맞지 않는 단어 암기 때문에 영어가 암기 과목이 되어버렸죠. 사실 한국에서 평상시 영어를 쓰지 않는다고 해서 불편하게 느끼는 사람은 없어요. 영어를 쓸 상황이 거의 없으니까요. 학교에서 말하기 시험을 본다 해도 그건 준비되어 있는 몇 줄의 문장을 암기해서 보는 작은 웅변대회에 불과해요. 가끔 해외여행을 가서 영어를 못하는 답답함을 느끼고 '한국에 돌아가서 열심히 영어공부 해야겠다!' 마음먹어도 그때뿐!

해마다 서점에서 기초영어책을 뒤적이고 계신가요? 옆을 한번 보세요. 작년에 만났던 사람이 함께 있을 거예요.^^

영어도 다이어트처럼 꾸준히 하지 않으면 '요요현상'이 와요. 다시 다 잊어버리고 전으로 돌아가죠. 하지만 '개쉬운영어'를 선택해 지금 이 순간 제가 쓴 이 글을 읽으시는 여러분은 정말 왕기초 탈출하시고 무조건 영어로 말하실 수 있습니다. 이번 관문이 바로 '기초 말하기의 시작'이거든요. 그럼 지난 시간까지는 뭐였냐고요?

요리로 따지면 '재료 손질' 정도라고 할까요? 오늘부터는 정말 요리를 한 가지씩 배울 거예요. 맨 처음 요리를 배울 때 레시피(recipe)가 있어야 요리를 하죠? 혼자 요리를 하시려면 책을 보고 하듯 '개쉬운영어책'을 보시고, 훌륭한 쉐프에게 배우고 싶으시면 '개쌤'의 동영상을 직접보시면서 배우시면 돼요.^^

기초문법 이해 안 되는데 토익공부하지 마시고!
회화책 사서 수십, 수백, 수천 가지 회화표현 통째로 암기하기 힘드시면!
그냥 '개쉬운영어'와 요리합시다!

오늘의 관문! 수많은 '영포자(영어를 포기한 자)'들 중
가장 먼저 영어를 포기하는 관문이지요.
바로 'be동사[비동사]'입니다.

제가 이 'be동사' 때문에 영어를 포기할 수밖에 없었던 수많은 영포자들을 살린 노래가 있었으니 그 노래는 바로바로!
'개당근송'!
이 노래는 개쌤이 'JEI English 방송'의 '영어를 부탁해'에 출연해 불러서 화제를 모았었죠!
3살부터 80세까지 신나게 따라 부른다는 그 노래!
노래 안에 'be동사'의 모든 게 들어 있다는 신비의 노래!

제가 노래로 be동사를 모두 설명해드릴게요. 개쌤과 함께 큰소리로 따라 불러주세요~!
개쉬운영어 홈페이지(www.gashwoon.com)에 '개쌤'이 부른 '개토끼송'을 참고하세요.

24강

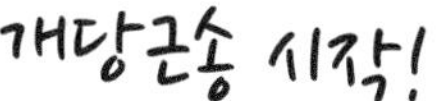

아~~ 아~~ 아~~ 비동사 쏭!
be동사 알고싶니?(당근) 알려줄까?(당근)
재밌게 알려줄게(개쌤 개쌤 개쌤)
be동사 세가지 뜻(진짜?) 궁금하니?(응~!!)
이다, 있다, 뭐뭐다~!(정말 정말 정말)
I 오직 am, you 친구는 are,
복수도 모두 are(we're, you're, they're)
he, she, it, 단수, 모두다 is
이것만 기억해~!!
개쉬운영어 사랑해~~~!!

I am, you are 쉽지?
we~are, they are도 쉽지?
he는 뭘까? 주어가 단수이면 모두 is
he, she, it 모두 is, be동사 am, are, is
정말 쉽지?
be동사 이다, 있다, 뭐뭐다~ 개쉽다!
아~~ 아~~ 아~~ 개당근송~!!

오늘은 아무 생각 없이 신나게 '개당근송'을 반복해서 따라 불러보시고요, 가사를 안 보고 불러도 자연스럽게 불러지면 다음 강의로 넘어가세요! be동사에 대해 하나씩 자세히 설명해드릴게요.

다음 '개당근송'의 가사 중 빠진 부분을 채워주세요.

be동사 세 가지 뜻 (진짜?) 궁금하니?(응~!!)

(ⓐ)(ⓑ)(ⓒ)(정말 정말 정말)

I 오직 (ⓓ), you 친구는 (ⓔ)

복수도 모두(ⓕ) (we're, you're, they're)

he, she, it, 단수, 모두다 (ⓖ) 이것만 기억해!

정답) a.이다 b.있다 c.뭐뭐다 d.am e.are f.are g.is

개쉬운영어

개 쉬 운 영 어 !

25강

누구냐, 넌?

우와 벌써 25강에 들어왔어요!

이쯤에서 제 소개를 해보도록 하겠습니다.(엉뚱 개쌤)

마지막에는 개쌤의 휴대폰 번호가 있으니 꼭 전화해보세요!(설마 진짜 하시는 분은 없으시겠죠? ^^;)

누구냐, 넌?

· 이름은? : 나는 개쌤이다.
(I am Gassam.)

· 나이는? : 나는 36살이다.
(I am thirty-six.)

· 직업은? : 나는 영어선생님이다.
(I am an English teacher.)

· 국적은? : 나는 한국 사람이다.
(I am from Korea.)

· 성별은? : 나는 남자야.
(I am a man.)

· 별명은? : 내 별명은 돼지야.
(My nickname is Pig.)

· 전화번호는? : 내 번호는 010-1234-5678이야.
(My cell phone number is 010-1234-5678.)

개쌤을 간단하게 설명했는데요. 이제 개쌤이 어떤 사람인지 아셨죠? 가끔 해외에 나갈 때 비행기에서 승무원이 "Are you Chinese?(중국인이세요?)"라고 말을 걸 때가 있어요. 전 Made in Korean! 토종 한국인이랍니다! 이제 확실히 아셨죠?

위 개쌤의 소개글을 보면 두 가지의 공통점이 있는데요. 하나는 바로 'be동사(am, are, is)'중 'am'과 'is'가 사용됐다는 것이고요, 또 다른 하나는 be동사의 뜻 중 '~이다'로 해석됐다는 것입니다.

be동사는 개토끼송에서 배웠듯이 '~이다, ~있다, ~(형용사)다'라는 3가지 뜻이 있답니다. 그리고 가장 많이 사용하는 뜻이 바로 '~이다'인데요. 이번 시간에는 저와 함께 '~이다'를 완벽하게 분석해보는 시간을 가져보도록 할게요.

'나는 개쌤이다'라는 문장을 뜯어보게 되면 '나는(I), 개쌤(Gassam), ~이다(am)' 이렇게 3개의 단어가 쓰였습니다. 이 문장을 영어어순에 맞게 영어로 써볼까요?(빈 칸에 영어로 써보세요.)

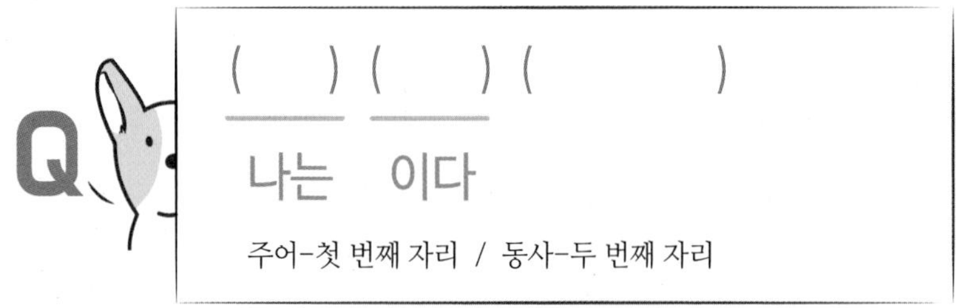

정답은 'I am Gassam'이에요. 다 맞추셨어요? 와우! 이제부터 여러분도 문장을 말하실 수 있네요. 뿌듯합니다.

그럼 이번에는 'I am Gassam' 문장에서 'am'을 지우고 그 자리에 수학부호인 '='을 한번 넣어볼까요?
수학부호인 '='은 서로 같다는 것을 의미하는 건 다들 알고 계시죠?
(개쌤 = 송중기 / 개프 = 김태희 / 5+5 = 10)

I am Gassam.

나는 ( ) 개쌤

이렇게 '=' 부호를 넣으니 '나는 = 개쌤'이라는 공식이 성립되는 것이 보이시나요? be동사의 뜻 중 '~이다'는 be동사를 중심으로 왼쪽과 오른쪽에 있는 명사나 대명사가 서로 같다는 것을 의미한답니다.

거짓말 같죠? 그럼 제 말이 진짜인지 거짓인지 한번 확인해볼까요? 여러분들은 하단에 있는 빈 칸 (　)에 수학부호인 '='를 넣어주세요.

- 나는 36살이야. ····▶ I (　　) thirty-six.
  나는 = 36
- 나는 영어선생님이다. ····▶ I (　　) an English teacher.
  나는 = 영어선생님
- 나는 한국 사람이다. ····▶ I (　　) from Korea.
  나는 = 한국 사람
- 나는 남자야. ····▶ I (　　) a man.
  나는 = 남자
- 내 별명은 돼지야. ····▶ My nickname (　　) Pig.
  내 별명 = 돼지
- 내 번호는 010-1234-5678이야.
  ····▶ My cell phone number (　　) 010-1234-5678.
  내 번호 = 010-1234-5678

어때요? 제 말이 맞죠? 학생들을 가르치다 보면 많은 학생들이 be동사와 일반동사(일반동사는 be동사 공부 후에 자세히 배운답니다)를 함께 쓰는 실수를 많이 하는데요. 제가 학생한테 "'너는 간다'를 영어로 말해보겠니?"라고 질문하면 대부분의 학생들은 "You are go"라고 대답한답니다.

그럼 이렇게 'You are go'라고 말하면 어떻게 해석되는지 한번 볼까요?

You are go.

너는 간다 이다

그냥 보아도 뭔가 이상한 느낌이 들지 않나요? 이 문장도 be동사(are)를 '='로 바꿔볼까요?

You (   ) go.

너는 = 간다

문장을 해석해보면 '너는 간다이다'가 되는데요. 뜻이 정말 이상하죠? 그건 be동사(are) 뒤에 일반동사(go)가 함께 나왔기 때문인데요. 기본적으로 한 문장에는 동사(~다)가 한 번만 들어갈 수 있어요.

이제 '~이다'의 뜻을 알았으니 몇 가지 문장을 만들어볼까요?

첫 문장 만들기인 만큼 쉬운 문장으로만 준비했답니다.

빈칸을 채워 우리말을 영어로 말해보세요.

- 나는 요리사이다. ····▸ (   )(   ) a cook.
- 너는 그녀의 오빠야. ····▸ (   )(   ) her brother.

여기서 잠깐! 소유격인 'her(그녀의)'는 'a, an, the'와 함께 올 수 없답니다. 꼭 기억하세요.

ex You are a her brother.(x) / You are the her brother.(x)

• 그는 미국인이야. ····▸ (　　)(　　) an American.

• 그녀는 우리 엄마야. ····▸ (　　)(　　) my mom.

• 이것은 노트북이야. ····▸ (　　)(　　) a laptop.

정답 I, am / You, are / He, is / She, is / This, is

노트북(notebook)은 '공책'이라는 뜻으로 한국에서 잘못 쓰이고 있는 콩글리시랍니다. '노트북'의 정확한 표현은 'laptop'이에요.

문장 말하기 연습 다 하셨나요? '~이다'로 해석되는 be동사는 항상 '=' 라는 거 기억하시면서 개프가 준비한 Tip을 좀 볼까요?

개프팁! 주인공과 be동사의 합체

영어공부를 하다 보면 I'm, You're … 등 '주어와 be동사'를 줄여서 사용하는 것을 많이 보셨을 텐데요. 지금부터 개프와 함께 '주어와 be동사'를 합체해보도록 하겠습니다.

be동사 'am, are, is'에서 가장 첫 번째 오는 '모음' 보이시죠? am, are에서는 'a', is에서는 'i'! 그 be동사의 첫 번째 모음을 코딱지 모양의 '**'** '(어파스트뤄피)'로 바꿔서 쓰시기만 하면 된답니다. 너무 간단하죠?

한번 만들어볼까요?

I am[아이 앰] ····▶ I'm [아임/암]

You are[유 알] ····▶ You're[요얼]

He is[히 이ㅈ] ····▶ He's[히ㅈ]

She is[쉬 이ㅈ] ····▶ She's[쉬ㅈ]

It is[잇 이ㅈ] ····▶ It's[잇ㅊ]

We are[위 알] ····▶ We're[위얼]

They are[데이 알] ····▶ They're[데얼]

That is[댓 이ㅈ] ····▶ That's[댓ㅊ]

This is[디스 이ㅈ] ····▶ This's (X)

'주어+be동사'를 줄이는 이유는 발음을 더 편하게 하기 위해서입니다. 하지만 This is는 줄이게 되면 발음이 더 이상하게 되죠? 한번 해보세요! '디스스' 이상하죠? 그래서 This is는 줄이지 않고 사용한답니다.

be동사의 첫 번째 관문을 드디어 통과하셨군요. 이제 두 번째 관문을 향해서 가볼까요?

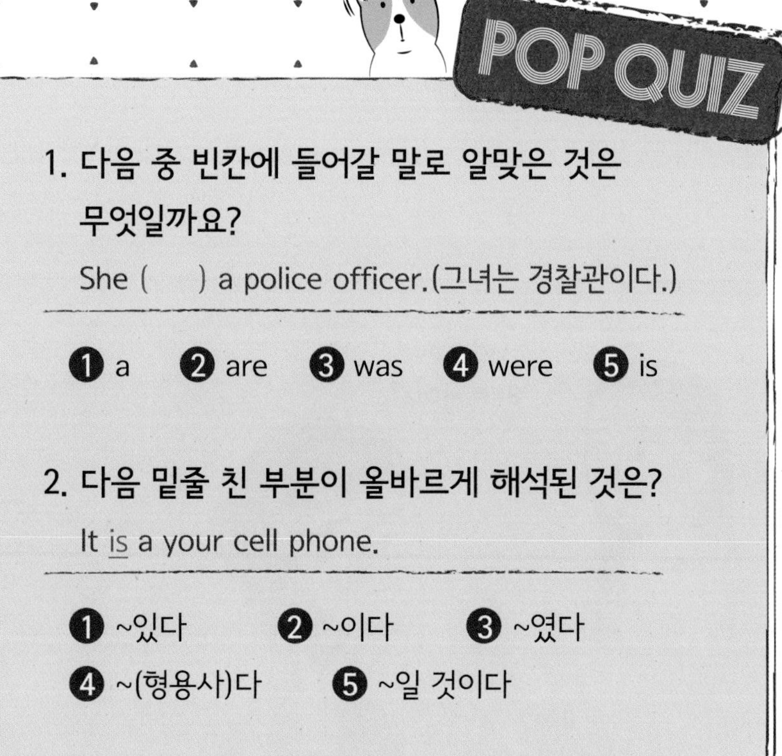

1. 다음 중 빈칸에 들어갈 말로 알맞은 것은 무엇일까요?

She (　　) a police officer. (그녀는 경찰관이다.)

❶ a　❷ are　❸ was　❹ were　❺ is

2. 다음 밑줄 친 부분이 올바르게 해석된 것은?

It is a your cell phone.

❶ ~있다　❷ ~이다　❸ ~였다
❹ ~(형용사)다　❺ ~일 것이다

정답) 1. (5)　2. (2) 그것은 너의 휴대폰이다.

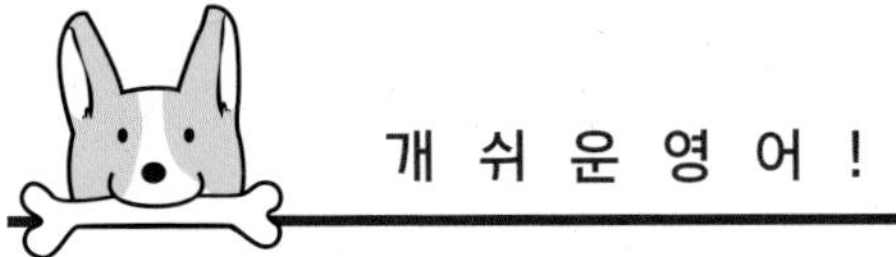

26강

"오빠, 클럽에 있지?"
"어? 아니, 집이야."

학창시절에 엄마가 "너 어디야?(Where are you?)"라고 물어보면 "나 도서관에 있어(I am in the library)"라고 거짓말을 했던 기억이 있는데요. 혹시 여러분들도 저와 같은 경험이 있으신가요?

음식점이나 커피숍, 공항, 지하철, 버스 등 공공장소에 있다 보면 주변에서 "나 (어느 장소)에 있어!"라고 하는 말을 많이 들어보셨을 거예요.

회사나 학교를 다니는 직장인이거나 학생이라면 하루에 한 번 이상은 가족이나 친구들에게 '나 학교야' '나 상갓집인데' '나 회사지' '나 집인데'라는 거짓말을 하지요? 이번 시간에는 개쌤과 함께 be동사의 두 번째 뜻인 '~있다'를 공부해보도록 하겠습니다.

참… 제가 깜빡한 게 있는데요. 혹시 여러분들은 지금 어디에 계시나요? 지금 계시는 곳의 '장소'를 알려주시겠어요?

"전 집에 있어요. (I am at home.)"
"저는 화장실이에요. (I am in the bathroom.)"
"전 침실에 있어요. (I am in my bedroom.)"
"전 일본이에요. (I am in Japan.)"

정말 다양한 곳에 있으시군요! 이 문장들을 보면 두 개의 공통점이 있는데요. 하나는 be동사의 뜻 중 하나인 '~있다'가 쓰였다는 것! 또 다른 하나는 be동사 뒤에 '전치사+장소명사'가 사용됐다는 것이랍니다.

〈전… 치사해요. 그래서 명사 옆에 기생하지요.〉

개프팁! 전치사!

여러분들이 일상생활에서 많이 볼 수 있는 전치사는 in(~안에), on(~위에), under(~아래에), behind(~뒤에), for(~를 위해) 등이 있는데요, 전치사는 혼자 다니면 아무짝에도 쓸모없는 녀석이라 꼭 뒤에 '명사'나 '대명사'를 달고 나온답니다. 소개팅 나갈 때 폭탄이 꼭 킹카를 대동하는 것처럼요.

on the tree ····▸ 나무 위

전치사 + 명사

in my room ····▸ 내 방 안

전치사 + 명사

이제 '~이다'로 해석되는 be동사와 '~있다'로 해석되는 be동사를 확실하게 구분하실 수 있겠죠?

'~이다' : 주어+be동사+명사

'~있다' : 주어+be동사+전치사  +명사

그럼 지금부터는 '~있다'로 해석되는 문장으로 말하기 연습을 해볼까요? 전체 문장을 한 번에 말씀하시면 천재시고요, 우리는 주어(주인공)와 be동사를 확실히 말하는 것이 목표입니다. Ready Go!

- 나는 미국에 있어.
  ⋯▸ (　　)(　　) in America.
- 너는 주방에 있다.
  ⋯▸ (　　)(　　) in the kitchen.
- 그 책은 책상 아래에 있어.
  ⋯▸ (　　　)(　　　)(　　) under the desk.
- 우리는 교실에 있다.
  ⋯▸ (　　)(　　) in the classroom.
- 그 인형은 너 옆에 있어.
  ⋯▸ (　　　)(　　　)(　　) next to you.
- 그것은 내 마음속에 있다.
  ⋯▸ (　　)(　　) in my heart.

정답 I, am / You, are / The, book, is / We, are / The, doll, is / It, is

'~있다'로 해석되는 문장들을 몇 가지 알아봤는데요. 주어와 be동사만 바로바로 튀어나오면 성공입니다. 별로 어렵지 않죠?

그럼 이제 조금 어려운 것을 하나 알려드리도록 할게요.

개프팁! 셀 수 없는 명사는 단수 취급하기야?

우리 지난 시간에 셀 수 없는 명사를 배웠었죠? '개데렐라송'을 신나게 부르면서 'water(물), air(공기), money(돈) 등'은 모두 '셀 수 없는 명사' 라고 했었답니다.

be동사를 공부하는 시간에 왜 '셀 수 없는 명사'를 공부하느냐?
그건 '셀 수 없는 명사'가 주어로 올 경우 be동사로 'are'이 오는 것이 아니라 'is'가 오기 때문입니다. '셀 수 없는 명사'는 물건의 '개수'를 셀 수 없기 때문에 '단수'로 취급하는데요. 그렇기 때문에 be동사도 'are'이 아니라 'is'가 와야 하는 것이죠. 이제 다들 아셨나요? 그럼 '셀 수 없는 명사'가 들어가 있는 문장을 한번 영어로 말해보실래요?

My money is in your pocket.

내 돈이 너의 주머니 안에 있다.

'money(돈)'은 '셀 수 없는 명사'이기 때문에 be동사로 'is'가 왔답니다. 학교시험에도 많이 출제되는 고급사항이니 우리만 알고 다른 사람은 알려주지 말자고요. 그럼 be동사의 마지막 뜻을 공부하러 가보실까요?

1. 다음 중 '~있다'로 해석되는 문장을 고르세요.

❶ I am Gaff
❷ This is my shirt.
❸ It is on the table.
❹ You are a nurse.
❺ They are bananas.

2. 다음 문장을 해석해보세요.

You are in the living room. (living room: 거실)
→ (   )

정답) 1. (3) 2. 너는 거실에 있다.
해설) 1. ① 나는 개프이다. ② 이것은 나의 셔츠이다. ③ 그것은 탁자 위에 있다.
④ 당신은 간호사이다. ⑤ 그것들은 바나나이다.

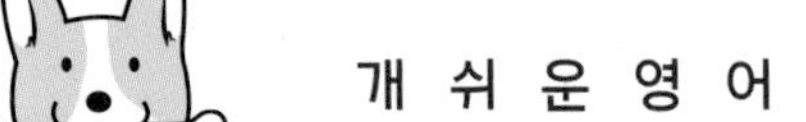

27강

개쌤은 잘생겼어

개쌤은 어렸을 때 잘생겼을까요?

대부분 못생겼다고 생각하실 텐데요. 그래요. 저 못생겼었어요. 그래서 유년시절에 '너 잘생겼어(You are handsome)'라는 말을 한 번도 들어보지 못했답니다. 오히려 친구들에게 '너는 못생겼어(You are ugly)'라는 말을 자주 듣곤 했지요.

하지만!

사람의 얼굴이 항상 똑같이 유지되느냐? 아니죠! 과거에는 저의 형인 '미찌꼬쌤(개쌤 형의 별명)'이 인기도 많고 잘생겼다는 소리를 독차지했었지만 그건 어디까지나 과거!

현재는 제가 더 잘 생기고 더 멋져졌답니다. 여러분들은 개쌤을 어떻게 생각하세요? 여러분이 생각하는 개쌤을 한번 말씀해주실래요?

"개쌤은 잘생겼어요.(Gassam is handsome.)"

"개쌤은 뚱뚱해요.(Gassam is fat.)"

"개쌤은 아름다워요.(Gassam is beautiful.)"

"개쌤은 더러워요.(Gassam is dirty.)"

"개쌤은 키가 커요.(Gassam is tall.)"

와! 많은 분들이 개쌤을 좋게 생각해주시는군요. 감사합니다. ^^

제가 갑자기 수업하기 전에 왜 이런 질문을 드렸느냐? 그건 이번에 공부할 내용과 밀접한 관련이 있기 때문인데요. 이번 시간에는 'be동사'의 마지막 뜻인 '~(형용사)다'를 배워볼 거랍니다.

'~(형용사)다'라는 뜻을 공부하기 위해서는 먼저 '형용사'가 무엇인지 알아야 하는데요. 공부를 열심히 하신 분이라면 모두 알고 계실 거라 생각합니다. 그래도 혹시 모르니 간단하게 설명해드릴게요. 형용사는 받침이 'ㄴ'으로 끝나고 명사를 꾸며주거나(ex. 귀여운 강아지 : pretty doggy) be동사 뒤에서 주어의 상태(ex. 나는 행복하다 : I am happy)를 나타낸답니다.

개쌤은 잘생겼어요. ····▶ **Gassam is handsome.**

개쌤은 '잘생긴(handsome)' 상태

개쌤은 뚱뚱해요. ····▶ **Gassam is fat.**

개쌤은 '뚱뚱한(fat)' 상태

개쌤은 아름다워요. ····▶ **Gassam is beautiful.**

개쌤은 '아름다운(beautiful)' 상태

개쌤은 더러워요. ····▶ **Gassam is dirty.**

개쌤은 '더러운(dirty)' 상태

개쌤은 키가 커요. ····▶ **Gassam is tall.**

개쌤은 '키가 큰(tall)' 상태

이처럼 be동사 뒤에 상태를 나타내는 '형용사'가 오게 되면 '~(형용사)다'라는 뜻으로 쓰이면서 주어의 상태를 나타내게 된답니다.

여러분이 친구 집에 놀러갔는데 예쁜 아기가 행복하게 웃고 있다고 가정해보세요. 그럼 그 아기는 현재 어떤 상태일까요?

그렇죠! '행복한(happy)' 상태이겠죠! 그래서 그 아이의 상태를 문장으로 표현해보면 'The baby is happy(그 아기는 행복해)'가 되는 거예요.

이제 '~(형용사)다'가 어느 때 사용되는지 아시겠어요?

'~(형용사)다'의 뜻도 알았으니 문장 말하기를 해볼까요?

- 너는 똑똑하다. ····▶ ( )( ) smart.
- 그는 아프다. ····▶ ( )( ) sick.
- 그들의 방은 더럽다. ····▶ ( )( )( ) dirty.
- 그들은 피곤하다. ····▶ ( )( ) tired.
- 나는 슬프다. ····▶ ( )( ) sad.

정답 You, are / He, is / Their, room, is / They, are / I, am

- ~이다 : 주어(주인공)+be동사+명사
- ~있다 : 주어(주인공)+be동사+전치사+명사
- ~(형용사)다 : 주어(주인공)+be동사+형용사

1. 다음 중 빈칸에 들어갈 말을 써넣으세요.

be동사는 '~이다, (　　), ~(형용사)다'로 해석된다.

2. 다음 be동사 중 '~(형용사)다'로 해석되지 않은 것은?

❶ You are thin.
❷ It is your bag.
❸ We are happy.
❹ They are tired.
❺ Gassam is strong.

정답) 1. ~있다.　2. (2) '이다'의 뜻으로 사용됐다.

해설) 2. ① 너는 날씬하다. ② 그것은 너의 가방이다. ③ 우리는 행복하다. ④ 그들은 피곤하다. ⑤ 개쌤은 힘이 세다.

콩글리시 5탄 엉덩이!

콩글리시를 공부하다 보니깐 '이게 영어가 아니었어?' '충격이군!' '설마 아직도 더 있는 건 아니겠지?'라고 말씀하시는 분이 많으실 거예요. 더 충격적인 걸 알려드리면 아직도 콩글리시의 1%도 배우지 않았다는 것이죠.

사람의 신체에도 잘못 사용하고 있는 콩글리시가 있는데요. 혹시 '엉덩이'를 영어로 어떻게 부르는지 아시나요?
"힙(hip)"

많은 분들이 '엉덩이'를 '힙(hip)'이라고 말하셨을 거예요. 길을 가다가 예쁜 청바지를 입은 분을 보면 "우와~ 저 사람 힙라인 장난 아니네! 부럽다!"라고 이야기하죠.
하지만 '엉덩이'를 '힙(hip)'이라고 부르는 것도 잘못된 영어표현입니다.
'엉덩이'의 정확한 영어표현은 'butt[벗]'이랍니다.
우리가 알고 있는 '힙(hip)'은 허리랑 다리를 이어주는 '둔부', '고관절' 등을 이야기한답니다. 우리는 여태 이렇게 어려운 뜻의 영어표현을 공부했던 거예요. 이제부터라도 '엉덩이'에게 제대로 된 영어이름을 붙여줘야겠죠?

한국에서는 엉덩이를 귀엽게 '궁뎅이'로 부르는데요. 영어에서도 '궁뎅이'를 부르는 말이 있답니다. 궁뎅이는 'buttock[버럭]'!
누군가 내 엉덩이를 발로 세게 차면 제가 '버럭'하겠죠? ㅋ
엉덩이 이야기가 나왔으니 엉덩이의 다른 표현을 또 하나 알려드릴게요. 동물들도 엉덩이가 있죠? 그런데 이 동물들의 엉덩이를 보고 'butt[벗]'이라고 하면 안 된답니다.
동물 엉덩이는 'rump[럼ㅍ]'라고 해요. 그러고 보니 엉덩이의 표현이 참 많죠?

마지막으로 '엉덩이'와 관련된 명언하나 하고 갈게요.
"엉덩이는 항상 나와 함께 하는 '벗(butt)'이다!"

개 쉬 운 영 어 !

28강

엄마야! 나도 이제 영어문장을 말해~

말하고 싶다! 정말 말하고 싶다! 미치도록 말하고 싶다!
대한민국 국민이라면 누구나 영어로 외국인과 말하고 싶죠?

Don't worry! 이 책을 읽은 당신이라면 이제 말할 수 있습니다.

"회화랑 문법은 다른 거 아니야?" "회화는 따로 공부해야 하는 거 아니야?" 이렇게 이야기하시는 분들을 위해서 준비한 'be동사로 문장 말하기!'

여러분은 이 책을 통해서 '명사, 동사, 형용사, 주어, 인칭대명사, a, an, the, 지시대명사, 명사의 복수형, be동사'를 체계적으로 공부해왔습니다. '우와~! 내가? 진짜?' 이렇게 생각하고 계시죠?

이제 이 책을 읽으신 분들은 다른 책을 읽은 사람들과 어떻게 다른지 제가 확인시켜 드리도록 하겠습니다. 일명 'be동사를 사용하여 긍정문 말하기!'
긍정문은 평서문이라고도 하고요, 여러분들이 평상시에 매일 사용하는 일반적인 문장을 말해요. 그럼 긍정문 말하기를 시작해볼까요?

주의!
내가 진짜 영어로 말하는 걸 보고 심장이 멎을 수 있습니다.

be동사로 문장 말하기 : 긍정문의 습격

개쌤이 몇 개의 문장을 한국어로 제시할 거예요. 여러분들은 이 문장을 영어로 말하시면 된답니다.

- 넌 행복해.

 ····▸ (   )

- 우리는 의사들이야.

 ····▸ (   )

- 우리 엄마는 병원에 있어. (병원에 : in the hospital)

 ····▸ (   )

- 그 소년은 나의 절친(제일 친한 친구)이야. (절친 : my best friend)

 ····▸ (   )

- 그들은 너무 귀여워. (너무 : so)

 ····▸ (   )

심장이 멎으신 분들 있으신가요? 너무 놀라셨죠? 정답을 확인해볼게요.

정답 ① You are happy. ② We are doctors. ③ My mom is in the hospital. ④ The boy is my best friend. ⑤ They are so cute.

여태까지 수년간 학원을 다녔어도, 외국에 유학을 다녀와도 되지 않았던 기초회화! 그냥 문법이나 공부하자고 산 이 책으로 문법과 회화를 한방에 해결하게 되다니!

놀라지 마세요! 이제부터는 더욱더 놀라운 마법의 세계가 펼쳐진답니다.

1. 다음 단어를 이용해서 영어로 문장을 만들고 해석해보세요.

my, hungry, is, dog

→ (   )

해석 (   )

2. 다음 문장 중 밑줄 친 be동사가 어색한 것은?

❶ Min-ho is a student.
❷ Su-Jin is cool.
❸ We are in London.
❹ Mike and James is history teacher.
❺ It is short.

정답) 1. My dog is hungry. / 우리 개(나의 개)는 배고프다.
2. (4) 주인공이 'Mike and James' 두 명이므로 be동사는 'are'이 알맞다.

개 쉬 운 영 어 !

29강

♬바꿔~바꿔! 모든 걸 다 바꿔!

여러분 90년대 말 최고의 테크노 여전사 '이정현'씨가 부른 '바꿔!'라는 노래를 기억하세요?

파격적인 춤과 함께 노랫말이 너무 인상적이라 국회의원 선거나 대통령 선거 때 '선거송'으로도 인기가 많았었죠?

이 노래의 노랫말은 서로 바꾸라는 것이에요. 우리도 주어(A)와 be동사(B)를 한 번 바꿔볼까요? ♬ 바꿔~ 바꿔! 모든 걸 다 바꿔!

뿅! be동사(B)와 주어(A)!

이번 시간에 공부할 내용은 be동사의 의문문이랍니다. 의문문은 상대방에게 궁금한 것(의문이 드는 것)을 물어보는 것을 말하는데요. be동사를 이용하여 물어보는 문장을 만들어보도록 할까요?

be동사의 뜻 '~이다', '~있다', '~(형용사)다'도 의문문으로 말하게 되면 '~이니?', '~있니?', '~(형용사)니?'로 바뀐답니다.

그럼 본격적으로 be동사의 긍정문을 의문문으로 바꿔볼게요.

be동사의 긍정문을 의문문으로 바꾸는 방법

ex I am handsome. (나는 잘생겼다.)

1) 눈을 부릅뜨고 be동사를 찾는다.

I am handsome.
be동사

2) be동사와 주어의 자리를 ♬바꿔바꿔바꿔~!!

I am handsome.

am I handsome.

3) 문장 끝에 물음표(?)를 넣으면 끝!

Am I handsome?

····▸ **Am I handsome?** (나는 잘생겼니?)

영어에서 문장의 첫 글자는 항상 '대문자'로 써야 한답니다. 그래서 'am I handsome?'이 아니라 'Am I handsome?'이 되는 것이죠! 그리고 'I(나는)'는 위치에 상관없이 항상 대문자로 써야 한다고 얘기했었죠? 까먹으신 분은 12강의 '개프팁'을 참고해주세요.

be동사의 긍정문을 의문문으로 만드는 방법을 알았으니 이제 우리도 만들어 말해볼까요?

1. I am a teacher. (나는 선생님이다.)

····▸ (   )(   ) a teacher? (나는 선생님이니?)

2. She is in New York. (그녀는 뉴욕에 있다.)

····▸ (   )(   ) in New York? (그녀는 뉴욕에 있니?)

3. You are kind. (너는 친절해.)

····▸ (   )(   ) kind? (너는 친절하니?)

정답 ① Am, I ② Is, she ③ Are, you

너무 쉽죠? 그냥 주어와 be동사의 위치만 ♬바꿔~바꿔~

이제는 문장을 통째로 말하는 연습을 해볼까요?

be동사가 있는 문장은 주어와 be동사의 위치를 바꾼다는 것 잘 기억하시고 영어로 말해보세요.

1. 난 예뻐. (I am pretty.)

의문문으로 '나 예쁘니?' ····▶ (   )

2. 넌 가수야. (You are a singer.)

의문문으로 '넌 가수니?' ····▶ (   )

3. 그녀는 내 방에 있어. (She is in my room.)

의문문으로 '그녀는 내 방에 있니?' ····▶ (   )

정답 ① Am I pretty? ② Are you a singer? ③ Is she in my room?

참고로, 물어보는 말은 한국말과 같이 끝을 올려서 말해주세요.

"나 예쁘니?"

"Am I pretty?"

be동사로 물어보는 의문문은 일상생활에서 많이 쓰인답니다. 꼭 긍정문을 의문문으로 바꿔서 많이 연습해보세요.

"넌 매일 암기하니? 난 영어로 놀아!

POP QUIZ

1. 다음 문장을 의문문으로 바꾸어 쓰세요.

Her aunt is beautiful.

→ (   )

2. 다음 be동사의 의문문으로 옳은 것을 고르세요.

❶ Do you are forty-five?

❷ Is your room is clean?

❸ Does he my father?

❹ Are you my family?

❺ She is Korean?

정답) 1. Is her aunt beautiful?   2. (4)

해설) ①,③은 Do, Does로 물어 보고 있다. be동사의 의문문이 아니다.
② Is your room clean?이 알맞다. ⑤ Is she Korean?이 알맞다.

개쉬운영어

개 쉬 운 영 어 !

30강

내 귀에 be동사, 꿈처럼 달콤했니?

"Are you a student? (당신은 학생입니까?)"

"Are you at home? (너는 집이니?)"

"Are you tired? (너는 피곤하니?)"

여러분들은 외국인이 갑자기 이 질문을 한다면 바로 대답하실 수 있으신가요?

아마도 이 질문에 대해서 '어떻게' 대답을 해야 할지 오랫동안 생각하실 텐데요. 영어에서는 'be동사'를 이용해서 물어보았는지, '일반동사'나 '조동사'로 물어보았는지에 따라서 대답하는 것이 달라진답니다.

이번 시간에는 'be동사'로 물어보았을 때 어떻게 '대답'하는지를 자세히 배우도록 할게요.

'내 귀에 be동사!'

백지영씨가 부른 '내 귀에 캔디'라는 노래 아시죠? 그 노래가사를 보면 '내 귀에 캔디, 꿈처럼 달콤했니?'라는 노랫말이 나온답니다. be동사로 물어보는 말에 대답을 하려면 상대방이 be동사(am, are, is)로 물어보는지를 달콤하게 들어야 하는데요. 그러려면 내 귀에 be동사가 들리는지 안 들리는지를 꼭 확인해야겠죠?

'내 귀에 be동사'가 들렸다면 우리는 두 가지를 선택할 수 있답니다.
그건 바로 **Yes**(응), **No**(아니)!

'Yes'로 대답할 경우에는 Yes 뒤에 반점(,)을 찍고, 주어와 be동사를 그냥 차례대로 쓰시면 된답니다.(Yes, 주어+be동사)
'No'로 대답할 경우에는 No 뒤에 반점(,)을 찍고, 주어와 be동사를 쓴 후 마지막에 'not'을 붙여주어야 한답니다.(No, 주어+be동사+not)

ex Are you a teacher?(너는 선생님이니?)

내가 선생님일 때 : Yes, I am.(응, 나는 선생님이야.)

내가 선생님이 아닐 때 : No, I am not.(아니, 나는 선생님이 아니야.)

많은 분들이 'Are you ~?(너는 ~이니?)'라는 질문에 대한 답으로 'Yes, you are(응, 너는 ~야)' 혹은 'No, you are not(아니, 너는 ~아니야)'라고 대답하는데요. 이렇게 대답하면 틀린답니다. 왜 그런지 한번 살펴볼까요?

상대방이 '나'에게 물어보는데 엉뚱하게 '너'에 대한 대답을 하고 있죠. 그렇기 때문에 'Are you ~?(너는 ~이니?)'라고 물어보면 대답은 "Yes, I am(응, 나는 ~야)" 혹은 "No, I am not(=No, I'm not)(아니, 나는 ~아니야)"로 대답해야 한답니다.

반대로 "Am I happy?(나는 행복하니?)"라고 물어보면 상대방은 "Yes, you are(응, 너는 행복해)" 혹은 "No, you are not(아니, 너는 행복하지 않아)"이라고 대답해야 합니다.

내 귀에 be동사를 듣고 대답하기

- 1인칭 단수

Q	Am I pretty?	(나 이뻐?)
A	Yes, you are.	(응, 너 이뻐.)
	No, you are not.	(아니, 너 안 이뻐.)

- 1인칭 복수

Q	Are we handsome?	(우리 잘생겼니?)
A	Yes, you are.	(응, 너희들은 잘생겼어.)
	No, you are not.	(아니, 너희들은 안 잘생겼어.)

- 2인칭 단수

Q	Are you tired?	(너는 피곤하니?)
A	Yes, I am.	(응, 나는 피곤해.)
	No, I am not.	(아니, 나는 안 피곤해.)

- 2인칭 복수

Q	Are you scary?	(너희들은 무섭니?)
A	Yes, we are.	(응, 우리는 무서워.)
	No, we are not.	(아니, 우리는 안 무서워.)

여러분들이 헷갈려 하시는 것을 하나 더 알려드리도록 할게요. '2인칭 단수 you'와 '2인칭 복수 you'를 한번 봐주시겠어요? 둘 다 질문이 같죠?

그럼 이 질문이 '2인칭 단수'인지 '2인칭 복수'인지를 어떻게 구분할까요?

1. Are you a teacher? ····▶ 너는 선생님이니?

2. Are you teachers? ····▶ 너희들은 선생님들이니?

차이점을 찾으셨나요? (2)번을 보게 되면 'teacher(선생님)' 뒤에 's'가 붙어 'teachers(선생님들)'가 된 것을 볼 수 있는데요. 'teachers(선생님들)'는 복수명사이기 때문에 질문도 '너는 ~이니?'가 아니라 '너희들은 ~이니?'라고 물어봐야 한답니다.
그럼 대답도 당연히 '나는 ~야'로 대답하는 것이 아니라 '우리들은 ~야'라고 대답해야겠죠?

이제 be동사 'is'를 사용한 의문문에 대한 대답을 살펴볼까요?

개쌤　Is he bad? (그는 나쁘니?)
개프　No, he isn't. (아니, 그는 나쁘지 않아.)

개쌤　Is she a singer? (그녀는 가수니?)
개프　Yes, she is. (응, 그녀는 가수야.)

개쌤　Is it a book? (그것은 책이니?)
개프　Yes, it is. (응, 그건 책이야.)

'be동사(is) + 3칭 단수(he, she, it) 주어'로 물어보면 대답도 똑같이 '3인칭 단수형(he, she, it)으로 하면 됩니다.

내 귀에 be동사를 듣고 대답하기

• 3인칭 단수

Q Is he a doctor? (그는 의사니?)

A Yes, he is. (응, 그는 의사야.)

No, he isn't. (아니, 그는 의사 아니야.)

Q Is she a reporter? (그녀는 기자니?)

A Yes, she is. (응, 그녀는 기자야.)

No, she isn't. (아니, 그녀는 기자 아니야.)

Q Is it a tiger? (그것은 호랑이니?)

A Yes, it is. (응, 그것은 호랑이야.)

No, it isn't. (아니, 그것은 호랑이 아니야.)

• 3인칭 복수

Q Are they nurses? (그들은 간호사니?)

A Yes, they are. (응, 그들은 간호사야.)

No, they aren't. (아니, 그들은 간호사 아니야.)

be동사가 들어간 문장들을 가지고 말하는 연습을 많이 하셔야 돼요. 평상시에도 '이니? 있니? ~니?'라는 be동사로 문장 만드는 연습을 생활화하셔야 영어 말하기 실력이 늡니다. 눈으로만 공부하시면 '눈 공부' 실력만 늘어요! ^^ 말하기 실력은 말하기로 키우세요!!

개프팁! 어퍼스토로피

'**'**' apostrophe[어파스트뤄피]를 사용하면 두 단어를 줄여서 사용할 수 있다고 배웠었죠? be동사(am, are, is)와 not도 '**'**'를 사용하여 줄여 쓸 수 있답니다.

is not은 isn't[이즌]로, are not은 aren't[안ㅌ]로 줄여서 사용해요.

하지만 am not은 amn't로 줄여 사용하지 않습니다. I am not은 I'm not으로 줄여서 사용하면 되겠죠?

POP QUIZ

1. 다음 중 빈칸에 들어갈 말은?

Are you a cook?

Yes, (　　) (　　)

❶ you, are　❷ I, am　❸ you, aren't

❹ I'm, not　❺ we, are

2. 다음 문장의 대답을 영어로 말하고 써보세요.

Are they cold?

응, 추워. → (　　　　　　　　　　　)

아니, 안 추워. → (　　　　　　　　　　　)

정답) 1. (2)　2. Yes, they are.
No, they aren't. 또는 No, they are not.
해설) 1. 너는 요리사니? 응, 나는 요리사야. 2. 그들은 춥니?

개 쉬 운 영 어 !

31강

be동사의 끝판왕! 니가 그 문이냐?

부정문 여기까지 오다니 정말 대단하군!

개쌤 이제 너만 쓰러트리면 개프여왕이 말한 대로 '영어 말하기'의 고수가 될 수 있다!

부정문 난 be동사 마을의 '긍정문'과 '의문문'이랑은 차원이 틀리다! 나를 꺾지 않고서는 넌 평생 '부정적'인 말을 할 수 없을 것이다! 음하하하!

개쌤 하하하! 그래서 너를 꺾을 수 있는 보물 '낫(not)'을 가져왔다! '낫(not)'을 be동사 뒤에 붙이면 너를 꺾을 수 있다고 개프여왕이 알려줬지!

부정문 그러냐? 그럼 내가 3개의 문제를 낼 것이다. 바로 be동사 마을의 '긍정문'을 '부정문'으로 바꾸는 것이지!

1. 난 선생님이다. I am a teacher.
2. 넌 잘생겼다. You are handsome.
3. 우리 엄마는 집에 있다. My mom is at home.

개쌤 (생각을 하면서) be동사 뒤에 보물 '낫(not)'을 붙이면 되니깐 우선 be동사를 찾아야겠군. be동사는 am, are, is이고 이 뒤에 'not'만 붙여주면 돼!

1. 난 선생님이 아니다. I am not a teacher.
2. 넌 잘 생기지 않았다. You are not handsome.
3. 우리 엄마는 집에 없다. My mom is not at home.

부정문 아니… 이럴수가… 으악!!!!!!!

개쌤은 결국 be동사 마을의 긍정문, 의문문, 부정문을 꺾고 영어 말하기의 고수가 되었답니다.

'be동사의 부정문'은 be동사(am, are, is) 뒤에 'not'만 붙여주면 끝이랍니다. 그럼 긍정문을 부정문으로 바꿔볼까요?(be동사+not : ~이 아니다.)

1. I am ugly. (나는 못생겼다.)

····▸ I am not ugly.

(=I'm not ugly.) (나는 못생기지 않았다.)

2. You are my son. (너는 나의 아들이다.)

····▸ You are not my son.

(=You're not my son.) (너는 내 아들이 아니다.)

3. He is Gassam. (그는 개쌤이다.)

····▸ He is not Gassam.

(=He's not Gassam.) (그는 개쌤이 아니다.)

4. She is your daughter. (그녀는 너의 딸이다.)

····▸ She is not your daughter.

(=she's not your daughter.) (그녀는 너의 딸이 아니다.)

5. They are wild. (그것들은 거칠다.)

····▸ They are not wild.

(=They're not wild.) (그것들은 거칠지 않다.)

be동사 뒤에 'not'만 붙이면 '부정문'으로 바뀌어 반대의 뜻이 되니 신기하죠?

그럼 이번에는 제가 긍정문으로 말해드릴게요. 여러분은 부정문으로 말해보세요.

1. 넌 예뻐. ····▶ You are pretty.
여러분) 넌 안 예뻐. ····▶ (   )

2. 그녀는 똑똑해. ····▶ She is smart.
여러분) 그녀는 안 똑똑해. ····▶ (   )

정답 ① You are not pretty. ② She is not smart.

잘하셨어요. 이번에는 제가 우리말로 말해드리면 천천히 영어로 말해보세요. 한 번에 안 나오시면 먼저 긍정문을 떠올리시고 be동사를 찾은 후 not을 붙여 말하세요.

1. 그는 선생님이 아니야.

긍정문 ····▶ (   )
부정문 ····▶ (   )

정답 He is a teacher. / He is not a teacher.

2. 너는 뚱뚱하지 않아.

긍정문 ····▶ (   )
부정문 ····▶ (   )

정답 You are fat. / You are not fat.

3. 그것은 나의 우산이 아니야.

부정문 ····▶ (　　　　　　　　　　　　　　　　)

정답 It is not my umbrella.

4. 나는 착하지 않아.

부정문 ····▶ (　　　　　　　　　　　　　　　　)

정답 I am not kind.

이제 여러분들은 be동사의 긍정문, 의문문, 부정문을 모두 다 배우셨답니다. be동사를 공부하고 나면 간단한 '영어 말하기'를 할 수 있다고 했죠? 지금 당장 거울을 보면서 이렇게 이야기 해보세요! "I am a genius."

1. 다음 문장을 부정문으로 바꾸어 쓰세요.

His uncle is kind. (그의 삼촌은 친절하다.)

→ (   )

2. 다음 be동사의 부정문으로 옳은 것을 고르세요.

❶ My socks are not clean.

❷ You not are a teacher.

❸ We don't are in your room.

❹ I am don't handsome.

❺ These doesn't my toys.

정답) 1. His uncle is not kind. 2.(1)

해설) ② You are not a teacher. ③ We are not in your room.
④ I am not handsome. ⑤ These are not my toys. 가 알맞다.

개 쉬 운 영 어 !

32강

아빠, 남자화장실에 여자가 있어

며칠 전 아들과 함께 동물원에 갔답니다. 아들이 동물들을 보면서 "아빠! 코끼리가 있어" "와! 여기에는 하마가 두 마리나 있어"라고 흥분하며 이야기를 하더군요. 그리고 조금 있다가는 화장실에 갔다가 나오더니 "아빠! 남자화장실에 여자가 있어"라고 하며 웃더라고요. 우리 아들을 보니 어린아이들이 평소 '~이 있어(있다), ~들이 있어(있다)'를 많이 사용한다는 것을 알게 되었답니다. 이번 시간에는 개쌤과 함께 '~이 있다'라는 표현을 공부해봐요.

'~이 있어'를 영어로 어떻게 표현할까요?

기초영어가 부족하신 분들은 아마 '~이 있다'라는 문장을 만드는 것이 어려울 수도 있어요. 하지만 be동사를 공부한 여러분들은 개쌤과 함께 이 문장을 만들 수 있답니다. 제가 뭐랬어요? be동사를 공부하게 되면 간단한 문장들을 말할 수 있다고 했죠?

'~이 있다'는 영어로 'There is~'인데요. 여기에 나오는 'is'는 be동사로 '~이 있다'라는 뜻으로 사용되는 녀석이에요.

그럼 대체 'there'은 뭐지?

'there'은 '거기에, 그곳에'라는 뜻이 있어요. 하지만 there 뒤에 is가 와서 'There is~'가 되면 'there'은 본인이 가지고 있던 '거기에'라는 뜻이 소멸돼요. 인어공주가 왕자님을 만나 사랑하지 못하고 물거품이 되어 사라지듯 'there'은 본인의 목소리를 낼 수 없는 것이죠.
결국 'There is'는 '~있다'라는 'be동사'의 뜻만 남게 된 거예요.

'There is~'의 뜻이 '~이 있다'라는 것을 확실히 이해하셨으면 이제 'There is' 뒤에 무엇이 있는지 표현해볼게요.

- **There is a book.**
  ····▶ 책이 있다.

- **There is my wallet.**
  ····▶ 내 지갑이 있다.

'There is' 뒤에는 '단수명사'가 와야 하는데요. 단수명사가 무엇인지는 다들 아시죠? 그냥 하나, 한 개, 한 명··· 무조건 1!

그래서 '~이 있다'라고 하면 'There is + 단수명사'가 되는 거예요.
그리고 'There is' 문장에서는 'There is' 뒤에 나오는 '명사'가 주어랍니다! 꼭 기억하세요.

그럼 '(장소)에 ~이 있다'라고 표현하려면 어떻게 해야 할까요?
그럴 때는 '명사' 뒤에 '장소'를 넣어주면 된답니다.

- **There is a book on the desk.**
  ····▶ 책상 위에 책이 있다.

- **There is my wallet in the pocket.**
  ····▶ 주머니 속에 지갑이 있다.

문장 만들기 참 쉽죠? 이제는 한 개, 단수 표현 말고, 여러 개, 복수 표현을 배워볼까요?
주어가 복수형이 올 때에 be동사는 'am, are, is' 중 어느 것이 와야 할까요?
be동사를 열심히 공부하신 분들이라면 다들 이렇게 외치셨을 거예요!
'are'!!! "♬ I 오직 am, You 친구는 are, 복수도 모두 are!"
그래서 'There are'이 오게 되면 뒤에는 반드시 '복수명사'가 와야 합니다. 복수명사는 둘(2), 두 개 이상, 두 명 이상을 말하는 건 다들 아시죠?
그럼 'There are' 뒤에 '복수명사'를 넣어서 문장을 만들어볼까요?

- **There are two lions.**
  ····▶ 사자 두 마리가 있다.

- **There are giraffes.**
  ····▶ 기린들이 있다.

• There are birds on the tree.
····▶ 나무 위에 새들이 있다.

이번에는 'There is(are) ~'의 부정문을 공부해보도록 할까요?
'There is(are)'에서 동사는 'is'와 'are'이랍니다. 'is'와 'are'은 무슨 동사라고 하죠?
그렇죠. 바로 be동사라고 합니다. be동사가 들어가 있는 문장은 항상 be동사의 규칙을 따라야 하는 법!
be동사의 부정문을 만드는 규칙은 be동사 뒤에 'not'을 붙인다는 것!

그래서 긍정문인 'There is a book'이
'There is not a book' ····▶ 책이 없다가 되는 거예요.

복수형 또한 'There are books'가
'There are not books' ····▶ 책들이 없다가 되는 거죠.

마지막으로 'There is(are)'의 의문문을 만들어볼까요?
이것 또한 'be동사의 의문문'과 규칙은 같답니다.
'There'과 'be동사(is, are)'를 바꾸기만 하면 끝!

긍정문 'There is a book'이
'Is there a book?' ····▶ 책이 있니?로,

'There are books'가
'Are there books?' ····▶ 책들이 있니?로 변신!

이제 'Is there a book?(책이 있니?)'과 'Are there books?(책들이 있니?)'에 대한 답변을 해볼까요?

Q Is there a book? ····▸ 책이 있니?

A Yes, there is. ····▸ 응, 있어. or

No, there isn't. ····▸ 아니, 없어.

Q Are there books? ····▸ 책들이 있니?

A Yes, there are. ····▸ 응, 있어. or

No, there aren't. ····▸ 응, 없어.

be동사로 물어봤으면 대답도 be동사로 해야겠죠? 긍정일 때는 'Yes' 뒤에 'there is'를, 부정일 때는 'No' 뒤에 'there is not(isn't)'을! 이번 시간에 배운 'There is(are)'를 가지고 '있다, 없다, 있니?, 없니?' 라는 표현을 많이 연습해보세요. 회화를 잘 하는 최고의 비법은 연습이랍니다.

1. 다음 중 '~이 있다'의 영어표현으로 올바른 것은?

❶ This is ❷ That is ❸ There is
❹ It is ❺ These is

2. 다음 중 'not'이 들어갈 장소로 알맞은 것은?

There ❶ are ❷ tomatoes ❸ on ❹ the ❺ table.

정답) 1. (3) 2. (2)

개 쉬 운 영 어 !

33강

난 '투명한 주어'라구!

'it'의 두 가지 변신!

우리 'it'에 대해 배운 적 있었죠? '그것은'이라는 뜻으로 사물이나 동물을 대신 불러주는 지시대명사 'it'에 대해 공부했어요.

It is a pen.

그것은 펜이야. ('그것'이라고 해석한다.)

오늘은 이 'it' 말고 또 다른 모습으로 변하는 'it'을 공부할 건데요. 두 번째 배울 이 'it'은 주어자리에 주어처럼 서 있지만 아무런 뜻이 없어요. 그래서 제가 이 녀석을 '투명주어 it(비인칭주어)'이라고 부른답니다.

아래 문장을 해석해볼게요.

It is summer.

그것은 여름이야.

'그것'이라고 해석했더니 완전 이상하죠? 이럴 때 'It'이 투명주어로 쓰인 건데요. 멋지게 해석하려면 투명주어 'it'이 투명인간처럼 없다고 생각하고 그냥 '여름이야'라고 해석하세요.

평소 자주 쓰는 말 중 주어가 특별히 필요 없는 말들에 'it'을 '주어'인 것처럼 써요.

영어는 '주어'가 없으면 완전한 문장이 될 수 없거든요. 영어는 반드시 주어가 있어야 완벽한 문장이 된답니다.

우리가 평소 자주 쓰는 대화죠. 개프가 '오늘의 날씨'를 송중기씨한테 물어봤는데요, 이런… 우리 중기씨가 개쉬운영어를 못 봤나 봐요. 대답을 못하고 있어요.^^
제가 송중기씨처럼 영어로 대답을 못하시는 많은 분들에게 친절하게 잘 설명해드릴게요.
오늘 배우는 투명주어 'it'의 큰 역할을 기대해주세요. 전에 배웠던 'be동사'도 잘 기억해두시고요.

'추워요'라는 문장을 만들어볼게요!
'추워요'의 원래 형태는 '춥다'
'춥다'는 '추운'이라는 형용사 'cold'와 '~다'라는 뜻의 '동사'가 결합한 형태입니다.

cold + ~다

(추운) + (다) = (춥다)

'춥다'에서 쓰인 동사(~다)는 무슨 동사일까요? 맞아요! 'be동사'지요.
be동사 중에서 몇 번째 뜻으로 쓰인 be동사일까요?
딩동댕! 맞아요~! 형용사와 합체를 하는 세 번째 뜻의 be동사 '(형용사)다'에요. be동사 'am, are, is'의 원래 모습(동사원형)은 be라고 하는데요. 그럼 be동사와 '추운'이라는 뜻의 cold를 결합해볼게요.

be cold

이렇게 만들면 사실 '춥다, 추워요'라는 표현이 다 되는데요. 문장이 다 만들어진 걸까요?

우리말대로 영어로 다 만들기는 했지만 영어문장으로 만들기 위해서는 한 가지 빠진 게 있어요. 바로 주어! 주어가 없어요.

주어와 동사가 반드시 있어야 문장이 만들어진다고 했었죠?

그럼 이럴 때 주어는 어떤 걸 써야 할까요?

이때 필요한 게 바로 투명주어 'It'이랍니다. 아무런 뜻을 가지고 있지 않는 이 투명주어 'It'이 필요한 것이죠.

It be cold.

마지막으로 It 뒤에 나오는 'be동사'를 주어 'It'에 맞게 살짝 바꾸면 끝!

'개당근송(be동사송)'의 "♫'He, She, It, 단수, 모두다 is, 이것만 기억해!" 아시죠? It은 항상 'is'와 함께 쓰여요.

It is cold.

완벽한 문장으로 완성되었습니다!

여러분 그럼 "더워"는 어떻게 말해야 되죠? 말해보세요.

"It's hot."

마지막으로 하나만 더!

"시원해"는요?

"It's cool."

다음 시간에는 오늘 배운 투명주어 'It'을 가지고 여러 표현들을 말해보도록 하겠습니다.

다음 대화를 완성해보세요.

개 쌤 : How's the weather? (날씨 어때요?)

송혜교 : ( ) is warm. (따뜻해요.)

정답) It

콩글리시 6탄 원샷!

회식 자리나 모임에 가면 상대방이 '원샷! 원샷!'이라고 이야기하는데요.
이제 이렇게 이야기하면 절대 술을 다 마실 필요가 없습니다. 왜냐고요?
'술을 한 번에 들이키는 것'을 나타내는 영어표현이 '원샷(one shot)'이 아니기 때문이죠!

한국에서 사용하는 '원샷'의 정확한 영어표현은 'bottoms up[바름져업]'이랍니다.
'bottom[바름]'은 한국말로 '밑바닥'을 말해요. 'up[업]'은 '위로'라는 뜻이죠.

이 두 단어가 무슨 연관이 있길래 이게 '원샷'이라는 표현이지?
지금 주방이시라면 컵을 하나 가져오세요. 그리고 물을 컵에 담은 후 물을 빠르게 마셔보시겠어요? 물을 마실 때는 컵의 밑바닥(bottom)이 위로(up) 올라가죠? 그래야 컵 속에 있는 물을 마실 수가 있잖아요.

가끔 외국인한테 '원샷'이라고 이야기해도 이해하시는 분이 있는데요. 이 분은 한국에서 오래 사신 분이거나 한국 친구들이 많은 분이랍니다. 한국에 있는 외국인이 이해한다고 해서 외국에 나가 콩글리시를 사용하면 안 되겠죠?

이번 주말에 회식이 있으시면 이렇게 한 번 이야기하세요. "바름져업(bottoms up)!"

개 쉬 운 영 어 !

34강

난 쓸모가 많다구!

지난 시간에 투명주어 'it'에 대해 공부했어요.

이 'it'은 하루에 열두 번도 더 쓰는 정말 중요한 주어 중의 하나인데요. 이 it을 우리가 얼마나 자주 쓰는지 여러분이 보기를 참고해서 제 질문에 대답해보세요. 해석도 함께요.

ex What's the weather like? ····▸ 날씨가 어때?

(It) (is) (rainy). ····▸ 비가 와.

보기 May 5월, Friday 금요일, sunny 화창한, summer 여름, 7 o'clock 7시 정각

1. What season is it? ····▸ 무슨 계절이야?

(　　)(　　)(　　). ····▸ (　　　　)

2. What month is it? ····▸ 몇 월이니?

(　　)(　　)(　　). ····▸ (　　　　)

3. What time is it? ····▸ 몇 시니?

(　　)(　　)(　　). ····▸ (　　　　)

4. How's the weather? ····▸ 날씨 어때?

(　　)(　　)(　　). ····▸ (　　　　)

5. What day is it? ····▸ 무슨 요일이니?

(　　)(　　)(　　). ····▸ (　　　　)

정답 1. It, is, summer / 여름이야.
2. It, is, May / 5월이야.
3. It, is, 7 o'clock / 7시 정각이야.
4. It, is, sunny / 화창해
5. It, is, Friday / 금요일이야.

우와~ 이렇게 많은 곳에 투명주어 'it'이 쓰이는 줄 모르셨죠?
이 밖에도 밝기를 나타낼 때 'It's dark(어두워요)', 년도를 나타낼 때 'It's 2016(2016년이에요)' 등 정말 자주 사용하는 아주 소중한 주어랍니다. 이제 아셨죠?

여러분도 자주 사용해서 말해주셔야 해요.

다음 중 밑줄 친 부분이 투명주어 'it'으로 사용된 것을 모두 고르세요.

❶ It's windy. ❷ It's a table.
❸ It's 10 o'clock. ❹ It's dark here. ❺ It's August.

정답) 1, 3, 4, 5

해설) 2. It은 '그것은'이라는 뜻의 지시대명사로 쓰였다.

개 쉬 운 영 어 !

35강

맛 좀 볼래?
난 일반적으로 사랑받는 맛이라구!

여러분이 학교에 가려면 어떻게 해야 하나요?

첫째, 나는 일어난다.(I wake up.)

둘째, 나는 아침을 먹는다.(I have breakfast.)

셋째, 나는 씻는다.(I wash.)

넷째, 나는 걷는다.(I walk.)

다섯째, 나는 학교에 간다.(I go to school.)

여섯째, 나는 공부한다.(I study.)

대부분의 학생이라면 아침에 일어나서 먹고, 씻고, 걷고, 가서, 공부하죠? 이 여섯 개의 문장에는 모두 공통점이 있어요. 무엇일까요?
바로 주어 'I' 뒤에 일반동사(일어난다 : wake up, 먹는다 : have, 씻는다 : wash, 걷는다 : walk, 간다 : go, 공부한다 : study)가 사용됐어요.

동사는 크게 3가지 맛이 있는데요. 하나는 벌써 예전에 맛보셨죠? 첫 번째 맛은 바로 be동사 'am, are, is', 두 번째 맛은 동사를 도와주는 조동사 'will, can, may 등' 그리고 이번 시간에 맛볼 일반동사랍니다.
(조동사는 일반동사가 끝난 후에 자세히 배우니 걱정하지 마세요.)

'일반동사'라는 이름에서 보듯이 여러분이 사용하고 계시는 대부분의 동사가 일반동사인데요. 요놈들은 워낙 일반적인 녀석들이라 be동사를 제외한 '~다'로 끝나는 거의 대부분의 동사가 일반동사라고 생각하셔도 돼요. 엄청 중요하고 매일 필요한 속옷 같은 존재들이죠.

일반동사는 주어의 뒤에서 주어의 동작이나 상태를 나타내요.
제가 밥을 먹고 있어요. 그럼 제가(I) 어떤 동작을 하고 있나요?
그렇습니다. 먹고(eat) 있죠? 그래서 '나는 먹는다(I eat)'가 되는 거예요. 또 다른 예를 들면 제가 음악을 듣고 있어요. 그럼 제가(I)가 어떤 동작을 하고 있는 건가요? 바로 듣고(listen) 있는 동작을 하고 있는 것이죠. 그래서 '나는 듣는다(I listen)'가 된답니다.

앞에서 말한 것처럼 일반동사는 주어 뒤에 많이 온답니다. 그렇기 때문에 꼭 '주어+일반동사'를 기억하면 쉽게 문장을 만들 수 있습니다.

그럼 이번에는 많이 사용하는 일반동사들을 알아볼까요?

like(좋아하다), love(사랑하다), hate(싫어하다), work(일하다), study(공부하다), cook(요리하다), go(가다), play(놀다), buy(사다), run(달리다) …

일반동사를 찾아 O표 해보세요.

cup, sing, is, teach, feel, are, cute, drive, pray, cat, cake, see, am, happy, go, smart, walk, like, cry, pretty

정답 일반동사 sing(노래하다), teach(가르치다), feel(느끼다), drive(운전하다), pray(기도하다), see(보다), go(가다), walk(걷다), like(좋아하다), cry(울다)

be동사 is, are, am

명사 cup(컵), cat(고양이), cake(케이크)

형용사 cute(귀여운), happy(행복한), smart(똑똑한), pretty(귀여운)

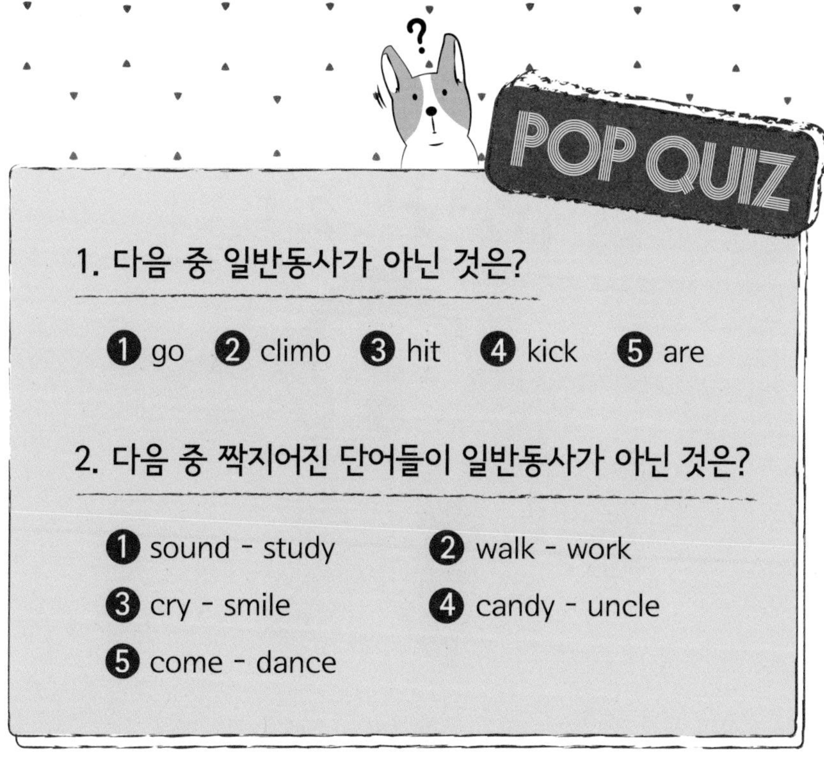

정답) 1. (5) 2. (4)

해설) 1. (5) are은 be동사이다. 2. (4) candy(사탕)와 uncle(삼촌)은 '명사'이다.

개 쉬 운 영 어 !

36강

누가 어쩐다? 누가 뭐한다?

be동사의 문장 말하기는 영어 말하기의 기초라고 했습니다. 사람으로 치면 기저귀를 차고 똥, 오줌을 싸는 단계였던 거죠. 이번 시간에는 기저귀를 벗고 똥, 오줌을 가리는 한 단계 성장된 말하기 훈련을 해보도록 할게요.

일반동사로 문장 말하기를 하기 전에 잠깐! 말하기를 본격적으로 하기에 앞서 앞에서 배운 '인칭대명사'를 다시 한 번 되짚어볼까요?

1인칭 단수(I)
2인칭 단수(You)
3인칭 단수(He, she, It)
1인칭 복수(we)
2인칭 복수(You)
3인칭 복수(They)

주어가 3인칭 복수일 때는 여러분이 알고 계시는 일반동사를 그냥 사용하셔도 된답니다. 동사의 변형 없이 그냥 달리다(run), 놀다(play), 먹다(eat) 등

주어(1인칭/2인칭/3인칭 복수) + 일반동사

그럼 '주어(1인칭/2인칭/3인칭 복수)+일반동사'를 가지고 문장 말하기 연습을 해볼까요? (한국어를 영어로 말해주세요.)

1. 나는 요리해. ····▶ (   )

정답 I cook.

잠깐! 한국어의 말하기는 '주어 + ~ + 동사'로 이루어져 있답니다. 하지만 영어는 '주어 + 동사 + ~'로 이루어져 있어요.

2. 너는 일해. ····▶ (   )

정답 You work.

일도 여러 가지가 있죠? 아침일, 저녁일… ㅋㅋ

3. 그들은 노래해. ···▸ (   )

정답 They sing.

4. 우리는 즐겨. ···▸ (   )

정답 We enjoy.

5. 너희들은 공부해. ···▸ (   )

정답 You study.

You는 주어의 단수와 복수가 같은 거 아시죠?
여기까지가 '주어+일반동사'로 쓰인 문장들입니다.
여러분들이 회화를 잘하시려면 '주어+일반동사'를 잘 가지고 놀아야겠죠?

이번에는 '주어+일반동사+대상'을 넣어 좀 더 완성도 있는 문장으로 확장해보세요.

6. 난 널 사랑해. ···▸ (   )

정답 I love you.

혹시 'I you love'라고 말하신 분 계신가요?
한국말과 영어는 동사의 순서가 달라요. 한국은 선비의 나라라 동사가 문장 끝에 오죠. 한국말은 그래서 끝까지 들어봐야 한다고 하잖아요. 그럼 영어를 사용하는 나라는 어떤 나라냐? 성미가 급한 나라에요.ㅋㅋ

영어는 '누가 어쩐지'가 바로 나와야 돼요.

누가? '내가 I', 어쩐다? '공부한다 study'!

이렇게 주어와 동사가 먼저 딱 하고 나와줘야 해요.

'나는 공부해. I study.'

그 다음 궁금한 거 '무슨 공부?' '영어공부 English'

I study English. 이런 식으로요. 다음 문제 이어서 가볼게요.

7. 넌 날 싫어해 ····▶ (   )

정답 You hate me.

8. 우린 가방이 있어. ····▶ (   )

정답 We have bags.

위 **8**번 문장에서의 have는 '가지고 있다, 소유하고 있다'라는 뜻이 있어요. 보통 이야기할 때는 '있다'라고 해석한답니다. 어? 그럼 be동사의 '~있다'와 have의 '있다'가 같은 거냐고요? 아래 그림을 보고 쉽게 설명해 드릴게요.

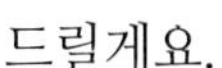

I am in the library : 나는 도서관에 있다.

I have an apple. : 나는 사과가 있다.

be동사의 '~있다'는 어느 장소에 무엇인가 존재함을 나타내주고요, have는 물건의 소유를 나타낼 때 사용한답니다.

다시 문장을 말해볼까요?

9. 너희들은 그걸 잡아. ····▶ (   )

정답 You catch it.

10. 그들은 개쌤을 만나. ····▶ (   )

정답 They meet Gassam.

주어(1인칭/2인칭/3인칭 복수)를 가지고 문장 말하기 연습을 해봤는데요. 다들 실수 없이 말하셨나요? 여기에 나오지 않은 여러 일반동사들도 넣어서 말하기 연습을 해보세요. 문법 및 회화 실력이 쑥쑥 성장하실 거랍니다.

다음 문장을 해석한 것 중 잘못된 것은?

❶ I go. - 나는 갈 것이다.

❷ We study. - 우리는 공부한다.

❸ You arrive - 너는 도착한다.

❹ They speak - 그들은 말한다.

❺ You want. - 너희들은 원한다.

정답) 1

해설) I go는 '나는 간다'라고 해석해야 한다.

개 쉬 운 영 어 !

37강

개쌤의 눈 '개눈'이 필요한 시간

다음 중 '주어+일반동사'의 관계가 틀린 것을 고르세요.(정답은 3개입니다.)

1. 나는 달린다.(I run.)
2. 너는 달린다.(You run.)
3. 그는 달린다.(He run.)
4. 그녀는 달린다.(She run.)
5. 그것은 달린다.(It run.)

정답이 몇 번일까요? 정답은 무려 3개나 된답니다. 지난 시간에 열심히 공부하셨거나 눈치가 빠르신 분들은 금방 알아차리실 거예요.
정답은 바로 3, 4, 5번!

오늘은 주어가 3인칭 단수(He, She, It)인 3, 4, 5번을 바르게 말하는 방법을 공부해볼게요.

1. 주어가 3인칭 단수인지 확인한다.

2. 일반동사에 's'라인을 추가시킨다.

ex 그녀는 달린다. ⋯▶ **She runs.**

(그녀는 3인칭 단수형이기 때문에 'She run'이 아니라 'She runs'가 됩니다.)

이렇게 주어가 3인칭 단수가 왔을 때 그냥 '-s'만 붙이면 얼마나 좋을까요? 하지만 현실은 그렇지 않답니다.
22강에 출연했었던 S라인 몸매의 아이돌 여가수, '에쓰(s)씨와 이에쓰(es)씨'를 다시 불러볼까요?

주어가 3인칭 단수일 때 일반동사에 '-에쓰(s)/이에쓰(es)' 붙여주기

1. 대부분 's'를 많이 붙여요.

ex like(좋아한다) → likes

drink(마신다) → drinks

work(일한다) → works

2. 끝이 'y'로 끝나는 단어를 찾은 후 'y' 바로 앞의 글자가 '자음'이면 'y'를 발음이 비슷한 'i'로 바꾸고 'es'를 붙이세요.

ex study(공부한다) → studies

marry(결혼한다) → marries

cry(울다) → cries

참고로 a, e, i, o, u(모음)을 제외한 나머지 알파벳 b, c, d, f, g 등 21개를 자음이라고 말한답니다.

그리고 '모음+y'는 그냥 동사 뒤에 's'를 붙여주면 된답니다.

ex play[놀다] → plays

stay[머무르다] → stays

3. 일반동사 끝이 'sh, ch, s, o, x'로 끝나면 동사 끝에 'es'를 붙이세요.

어? 이거 명사의 복수형? 맞아요! 이때도 'es 아가씨'를 기억하시면 돼요.

ex wash(씻다) → washes

teach(가르치다) → teaches

kiss(키스하다) → kisses

mix(섞다) → mixes

go(가다) → goes

4. **have**는 항상 **has**로 바꾸어 쓰셔야 해요.

"어 이 규칙들 어디에서 본 것 같은데?" '명사의 복수형'을 만드는 규칙과 비슷하죠? 다른 점은 명사의 복수형에는 'f'나 'fe'로 끝나면 'ves'를 붙인다는 거예요.

명사의 복수형 시간에 열심히 공부한 보람이 있죠? 오늘 배운 내용을 바탕으로 3인칭 주어에 여러 일반동사를 넣어 말하는 연습을 해보세요.

개프팁! 이쯤되면 하게 되는 흔한 실수!

기초영어를 공부하는 분들은 누구나 겪게 되는 흔한 실수가 하나 있어요. 예를 들어, '그녀는 고양이를 좋아한다'라는 문장을 만들라고 하면, 주어가 그녀(3인칭 단수)이기 때문에 '동사에 s'를 붙여야 하는데 '명사에 s'를 붙여서 틀리곤 한답니다.

She ~~like a~~ cats. (X)

꼭 일반동사에 's'를 붙이셔야 해요.

She likes a cat. (O)

실수했다고 해서 너무 놀라지 마세요. 성장해가고 있다는 자연스러운 증거니까요. ^^

다음 중 주어가 3인칭 단수(He, She, It)일 때 동사의 변화로 옳은 것은?

❶ play → plaies ❷ stay → stays
❸ marry → marrys ❹ wash → washs
❺ mix → mixs

정답) 2

해설) 1. plays, 3. marries, 4. washes, 5. mixes가 알맞다.

개 쉬 운 영 어 !

38강

영어 말하기, 이거였어!

학원에서 학생들을 가르치다 보면 아이들이 가장 힘들어하는 것이 3가지 있는데요. 하나는 선생님 보면 바로 인사하기! 둘째는 숙제 잘해오기! 그래도 여기까지는 대부분의 아이들이 학습을 통해서 쉽게 고쳐진답니다. 하지만 마지막 세 번째는 노력을 많이 해도 쉽게 고쳐지지 않죠! 그건 바로 주어가 3인칭 단수일 때 일반동사 변형하기!

많은 학생들이 3인칭 단수 주어가 올 때 일반동사의 변형을 어려워하는 이유는 규칙을 아무 생각 없이 외우려고만 하기 때문이랍니다. 규칙을 외우는 것도 중요하지만 말하기 연습을 통해서 자연스럽게 습득한다면 굳이 규칙을 외우지 않아도 버릇처럼 말하게 됩니다. 지난 시간에 배운 내용을 잠깐 확인해볼까요?

주어가 3인칭 단수(He, She, It)일 때 일반동사 뒤에 's, es'붙이기

1) 대부분 '-s'를 붙인다.

2) 자음 + y는 'y'를 'i'로 바꾸고 'es'를 붙인다.

참고 모음+y 는 그냥 '-s'만 붙인다.

3) 'sh, ch, s, o, x'로 끝나면 'es'를 붙인다

4) have는 항상 has로 바꿔 쓴다.

규칙이 전부 생각나시나요? 그럼 본격적으로 말하기를 하기 전에 개프팁을 하나 드리도록 할게요. 화장실에서 응가를 하고 나면 끝처리를 잘 해야 하는 건 다들 아시죠? 그래야 팬티에 초코가 묻지 않는데요. 주어가 3인칭 단수형이 올 때에도 일반동사 '끝'을 잘 봐주셔야 한답니다. 그래야 실수 없이 문장을 만들 수가 있어요. 그럼 쉬운 단어들을 가지고 몸 풀기를 해볼까요?

1. 그녀는 운전한다. (drive : 운전하다)

····▶ (   )

2. 개쌤은 노래한다. (sing : 노래하다)

····▶ (   )

여기서 Gassam(개쌤)은 남자랍니다. 그렇기 때문에 남자를 대신 불러주는 말인 He(그는)로 바꿔줄 수 있죠. 그럼 Gassam = He가 되겠죠? 그래서 둘 다 3인칭 단수형이 된답니다.(=He sings.)

3. 개프는 사람들을 돕는다. (help : 돕다, people : 사람들)

⋯▶ (   )

Gaff(개프)는 여자이기 때문에 인칭대명사로 바꾸면 'She(그녀는)'가 된답니다. 그래서 Gaff도 3인칭 단수형이 되는 것이에요. (=She helps people.)

4. 그는 야구를 한다. (play : (운동을)한다)

⋯▶ (   )

5. 하울이는 새 가방을 산다. (buy : 산다)

⋯▶ (   )

정답 ① She drives. ② Gassam sings. ③ Gaff helps people.
④ He plays baseball. ⑤ Howl buys new bag.

쉬운 단어들을 가지고 문장 말하기를 하셨는데 어떠세요? 쉽게 말하셨나요? 그럼 이번에는 좀 더 수준을 높여서 말해볼까요?

1. 그녀는 TV를 본다. (watch : TV를 본다)

⋯▶ (   )

2. 개쌤은 그것을 시도한다. (try : 시도하다)

⋯▶ (   )

3. 개프는 귀여운 아들이 있다. (have : 있다)

····▶ (   )

4. 우리 엄마는 나에게 키스한다. (kiss : 키스하다)

····▶ (   )

5. 우리 아빠는 그것을 고치신다. (fix : 고치다)

····▶ (   )

6. 민호는 팝페스티벌에 간다. (the pop festival : 팝페스티벌)

····▶ (   )

정답 ① She watches the TV. ② Gassam tries it.
③ Gaff has a cute son. ④ My mom kisses me.
⑤ My dad fixes it. ⑥ Minho goes to the pop festival.

주어가 3인칭 단수형일 때 일반동사의 말하기는 기초영어 부분에서 가장 어려운 부분이랍니다. 저도 가끔 생각 없이 이야기하다 보면 일반동사를 변형하지 않고 이야기하는 경우가 있답니다. 그렇기 때문에 꼭 주어가 3인칭 단수가 올 경우에는 동사 '끝'을 잘 봐주시고 올바르게 변형시켜주세요!

다음 문장 중 틀린 곳을 찾아 바르게 고쳐 쓰세요.

He fixs my bicycle. (그는 내 자전거를 고친다.)

틀린 곳 : (   ) → (   )

정답) fixs, fixes

개쉬운영어

39강

추억의 두더지 잡기!

어렸을 때 오락실에 가면 많이 하던 게임이 하나 있는데요. 그것의 이름은 '두더지'게임!' 전 돈이 없어 두더지의 얼굴을 손으로 빼려고 하다가 주인 아줌마한테 혼이 나곤 했었죠.

이 시간에는 그 추억의 두더지를 소환하려 합니다!

우선 공부 전에 크게 '두더지'를 외쳐볼까요?

두더지(Do/Does)!

(참고 : 정확한 발음은 Do[두]와 Does[더즈]예요.)

일반동사의 의문문은 두더지(Do/Does)를 꼭 기억하셔야 한답니다. 쉽게 기억나지 않으시면 이제부터 가장 좋아하는 동물을 '두더지(Do/Does)'로 바꾸세요.

선생님 : "너 가장 좋아하는 동물이 뭐니?"

개쌤 : "일반두더지요.(일반동사 Do/Does)"

이제 여러분이 가장 좋아해야 하는 동물이 무엇이죠?

"일반두더지(Do/Does)요!"

이번 시간에는 그 두더지(Do/Does)에서 두(Do)란 녀석만 데려와 공부해보도록 할게요.

'주어(1인칭/2인칭/3인칭 복수)+일반동사' 의문문 만들기

1) 동사가 '일반동사'인지 확인한다.

(혹시나 동사가 be동사나 조동사일 수도 있으니 꼭 확인해야겠죠?)

2) 주어가 '1인칭/2인칭/3인칭 복수이면' 'Do'를 주어 앞에 붙인다.

3) 마지막으로 문장 끝에 '?(물음표)'를 붙이면 끝!

그럼 긍정문을 의문문으로 만들어 말해볼까요?

> **ex** I go. (나는 간다.)
> ····▶ Do I go? (나는 가니?)

1. You study. (너는 공부한다.)

   너는 공부하니? ····▶ (   )

2. We work. (우리는 일한다.)

   우리는 일하니? ····▶ (   )

3. My friends like me. (내 친구들은 나를 좋아한다.)

   내 친구들은 나를 좋아하니? ····▶ (   )

   My friends는 '내 친구들'이라는 뜻으로 친구가 한 명이 아니라 여러 명이 있다는 것을 의미합니다. 그렇기 때문에 'My friends'를 인칭대명사로 바꾸면 'they(그들은)'가 되겠죠?
   they는 3인칭이기는 하나, 한 명이 아니기 때문에 단수형이 아니라 복수형이라는 것도 꼭 기억하세요.

4. They make it. (그들은 그것을 만든다.)

   그들은 그것을 만드니? ····▶ (   )

정답 ① Do you study? ② Do we work? ③ Do my friends like me?
④ Do they make it?

일반동사의 의문문은 주어 앞에 두더지(Do/Does)가 온다는 것을 잘 기억해두세요.
그럼 이번에는 Do로 물어보는 말에 대한 대답하기를 배워볼까요?

Do로 묻는 말에 대답하기

1) Do로 묻는지 잘 듣는다.
2) Yes나 No로 대답하고 그 뒤에 주어+do(don't)를 사용한다.
(Yes, 주어+ do. / No, 주어+don't. Yes일 때 don't을 쓰거나 No일 때 do로 바꿔 쓰면 틀리겠죠?)

그럼 이번에는 Do로 묻는 의문문에 답해볼까요?
Do로 물어보는지 잘 들어야 대답할 수 있어요!

ex **Do you work?** (너 일하니?)
응, 나는 일해 ····▶ **Yes, I do.**
아니, 나는 일하지 않아. ····▶ **No, I don't(do not).**

'Do you(너는 ~ 니?)'로 물어보면 대답은 'I(나는)'로 한다는 거 꼭 기억하세요!

참고 Do you study?(너는 공부하니?)
→ Yes, you do.(응, 너는 공부해.) [x]
이렇게 말하면 절대 안 되겠죠? ^^

1. Do I study? (나는 공부하니?)

아니, 너는 공부하지 않아. ····▶ (   )

여기에서도 'Do I(나는 ~니?)'로 물어봤기 때문에 대답은 반대로 you(너는)로 해야 한답니다. 그리고 don't도 do not의 줄임말이라는 것을 기억하세요!

2. Do we buy it? (우리는 그것을 사니?)

응, 너희들은 그것을 사. ····▶ (   )

3. Do they want me? (그들은 나를 원하니?)

아니, 그들은 원하지 않아. ····▶ (   )

4. Do the boys drink? (소년들은 마시니?)

응, 그들은 마셔. ····▶ (   )

'the boys'는 '그 소년들'이라는 뜻이에요. 그렇기 때문에 단수가 아니라 복수가 되는 거죠. 그래서 'the boys'의 인칭대명사는 'they'가 된답니다. 대답을 할 때에는 꼭 인칭대명사로 바꿔서 말씀하셔야 돼요.

정답 ① No, you don't. ② Yes, you do. ③ No, they don't.
④ Yes, they do

1. 다음 문장을 의문문으로 바꾸어 쓰세요.

You drink some water. (너는 물을 마신다.)

→ (   )

2. 다음 질문에 대한 대답으로 옳은 것은?

Do I do my homework? (나는 숙제를 하나요?)

❶ Yes, I do.
❷ No, I don't.
❸ No, you don't.
❹ No, you do.
❺ Yes, you does.

정답) 1. Do you drink some water? 2. (3)

해설) 2. Do I ~로 물어봤으므로 'Yes, you do' 또는 'No, you don't'로 대답해야 한다.

개 쉬 운 영 어 !

40강

누가 내 열매를 따 먹었느냐?

두더지의 가슴 아픈 이야기.

옛날에 하나님께서 세상을 만들면서 남자 두더지 '두(Do)'와 여자 두더지 '더즈(Does)'를 만드셨답니다. 그리고 그곳에 두더지들이 먹을 수 있는 '일반동사나무'를 함께 주셨답니다. 하나님께서는 "일반동사열매가 다 익으면 맛있게 먹어라! 그리고 '그 열매'가 익기 전에는 절대 먹지 마라!"고 말씀하셨습니다. 남자 두더지 '두(Do)'는 아무리 배가 고파도 하나님의 말씀을 기억하면서 동사열매가 다 익을 때까지 기다렸다가 다 익으면 맛있게 먹었답니다. 하지만 여자 두더지 '더즈(Does)'는 성격이 급한 나머지 하나님의 말씀을 듣지 않고 '동사열매'가 채 익기도 전에 먹어버렸답니다. 그 모습을 바라보고 계시던 하나님께서 화가나 더즈(Does)에게 "너는 내가 일반동사열매가 익기 전에 먹지 말라는 말을 못 들었느냐? 너는 이제부터 의문문을 만들 때마다 동사를 쫓아다니며 동사의 원래 모습대로 바꾸어주는 '동사원형형벌'을 줄 것이다"라고 말씀하셨습니다.

너무나 슬픈 이야기죠?

이번 시간에는 '주어가 3인칭 단수일 때 일반동사의 의문문 만들기'를 공부해보겠습니다.

3인칭 단수(He, She, It) 주어 + 일반동사의 의문문 만들기

1) 동사가 '일반동사'인지 확인한다!

2) 주어가 3인칭 단수이면 Does를 주어 앞에 붙인다.

3) 일반동사 뒤에 붙였던 '-s'나 '-es'를 원래상태(동사원형)로 바꿔준다!

4) 문장 끝에 '?(물음표)'를 붙이면 끝!

ex She drives. (그녀는 운전을 한다.)

····▸ Does she drive? (그녀는 운전을 하니?)

동사원형은 동사 원래의 모습을 말해요. 위 예문을 보면 '운전하다'는 drive인데 주어가 3인칭 단수형인 She(그녀는)가 오면서 drive 뒤에 '-s'를 붙여 drives가 된 거랍니다. 원래 '운전하다'의 본 모습은 'drive'! 이제 아시겠죠?

이제 위 규칙에 따라서 긍정문을 의문문으로 만들어 말해볼까요?

1. She walks. (그녀는 걷는다.)

그녀는 걷니? ····▸ ( )

2. He cries. (그는 운다.)

그는 우니? ····▸ ( )

3. My mom cooks. (우리 엄마는 요리한다.)

우리 엄마는 요리하니? ····▸ ( )

4. Gassam likes you. (개쌤은 너를 좋아한다.)

개쌤은 너를 좋아하니? ····▸ ( )

5. My dog dances. (우리 개는 춤 춘다.)

우리 개는 춤 추니? ····▸ ( )

정답 ① Does she walk? ② Does he cry? ③ Does my mom cook?
④ Does Gassam like you? ⑤ Does my dog dance?

많이 헷갈리시죠? 주어가 3인칭인지도 확인해야 하고 앞에 Does도 붙여야 하고 마지막에 '동사원형'으로 바꾸기까지 해야 하니….
그래도 조금만 힘내주세요! 이걸 완벽하게 소화하시면 'Does'로 물어보는 의문문도 여러분의 피와 살이 될 거랍니다.

이번에는 Does로 묻는 말에 대답하는 방법을 배워볼까요?

Does로 묻는 말에 대답하기

1) Does로 묻는지 잘 듣는다!

2) Yes나 No로 대답하고 뒤에 주어+does(doesn't)를 사용한다.

(Yes, 주어 + does. / No, 주어 + doesn't.)

실전으로 가서 한번 대답해볼까요?

1. Does she swim? (그녀는 수영하니?)

아니, 그녀는 수영하지 않아. ····▸ (   )

does not [더즈낫]의 줄임말이 doesn't [더즌]이랍니다.

꼭 기억해주세요!

2. Does Howl sleep? (하울이는 자니?)

응, 그는 자. ····▸ (   )

의문문에 대한 대답은 Yes, No로 답한 다음에 인칭대명사

(I, you, he 등)를 써야 한다는 거 지난 시간에 다 배우셨죠?

3. Does Gassam read a book? (개쌤은 책을 읽니?)

아니, 그는 책을 읽지 않아. ····▸ (   )

4. Does Gaff drink some coffee? (개프는 커피를 마시니?)

응, 그녀는 커피를 마셔. ····▸ (   )

정답 ① No, she doesn't. ② Yes, he does. ③ No, he doesn't.
④ Yes, she does.

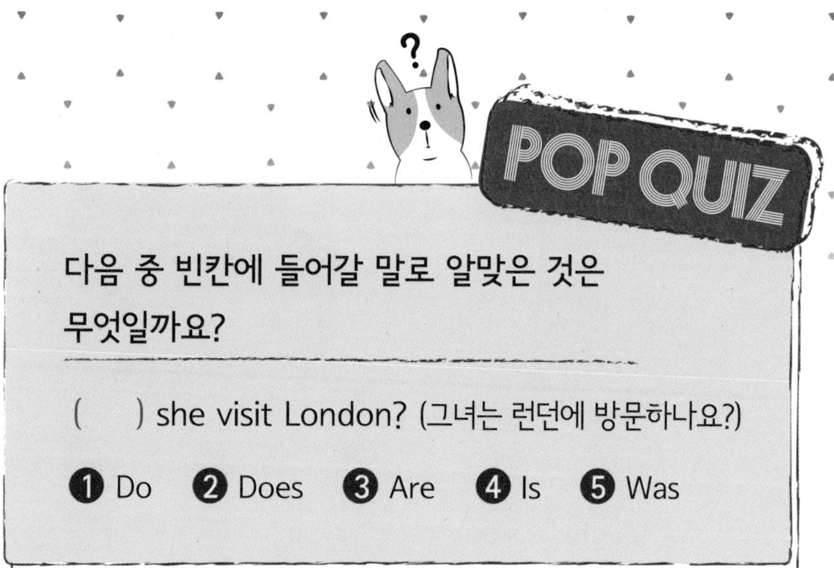

정답) 2

해설) 주어 she는 3인칭 단수형이므로 Does를 사용합니다.

개 쉬 운 영 어 !

41강

돈 없어!

전래동화 '흥부와 놀부'를 보면 흥부는 정말 착한 이미지로 놀부는 항상 나쁘고 부정적인 이미지로 나오죠.

놀부는 항상 아우 흥부한테 무엇이든 없다고 부정을 하게 됩니다. 으리으리한 대저택에서 많은 하인들을 거느리고 살면서도 매 번 '돈 없어'라고 이야기하는 놀부!

이제부터 우리는 이 놀부를 '돈(don't) 없어'라고 놀리도록 하겠습니다.

이름: 놀부(35세, 부정적인 인간), 별명: 돈(don't) 없어

be동사에서 배운 것처럼 부정적인 말을 '부정문'이라고 해요. 이번 시간에는 주어가 'I, you, we, they'로 쓰일 때 일반동사의 부정문을 만드는 방법에 대해 알아보도록 하겠습니다.

'1인칭/2인칭/3인칭 복수 주어'의 일반동사 부정문 만드는 방법

1) 동사가 일반동사인지 확인합니다.

2) 주어가 'I, you, we, they'로 쓰이면 don't[돈]을 주어와 일반동사 사이에 끼워 넣습니다.

> **ex** I go. (나는 간다.)
> 주어 일반동사
>
> ⋯▸ I <u>don't</u> go. (나는 가지 않는다.)

일반동사의 부정문 생각보다 쉽죠? 공식이 생각 안 나신다면 여러분의 엉덩이를 생각하세요. 왼쪽은 주어! 오른쪽은 일반동사! 그 사이에 don't[돈]을 넣어주면 끝! 참고로 'don't'은 'do not'의 줄임말이랍니다.

그럼 긍정문을 한 번 부정문으로 바꿔 말해볼까요?

1. I see.(나는 본다.)

····▸ I (   ) see. (나는 보지 않는다.)

2. You sing. (너는 노래한다.)

····▸ You (   ) sing. (너는 노래하지 않는다.)

3. We dance. (우리는 춤춘다.)

····▸ We (   ) dance. (우리는 춤추지 않는다.)

4. My friends meet me. (내 친구들은 나를 만난다.)

····▸ My friends (   ) meet me.

(내 친구들은 나를 만나지 않는다.)

5. They fix it. (그들은 그것을 고친다.)

····▸ They (   ) fix it. (그들은 그것을 고치지 않는다.)

정답 1~5번까지 모두 don't

엉덩이 사이에 'don't[돈]'을 꼭 기억하세요!

이번에는 우리말을 영어로 바꿔 말해볼까요?
(괄호 안에 알맞은 말을 넣어 말해보세요.)

1. 난 우유 안 마셔.

····▶ I (   ) drink milk.

2. 우린 자전거 안타.

····▶ We (   ) (   ) a bike.

3. 난 세수 안 해.

····▶ I (   ) (   ) my face.

4. 넌 움직이지 않아.

····▶ You (   ) (   ).

5. 그들은 옷을 입지 않아.

····▶ They (   ) (   ) clothes.

정답 ① don't ② don't, ride ③ don't, wash ④ don't, move ⑤ don't, wear

다른 일반동사를 가지고 부정문 만드는 연습을 많이 해보세요. 다음 시간에는 청개구리보다 더 말 안 듣는 청개구리 친구에 대해 이야기해드릴게요.

1. 다음 문장을 부정문으로 바꾸어 쓰세요.

We go to see a doctor. (우리는 병원에 간다.)

→ (   )

2. 다음 긍정문을 부정문으로 바르게 바꾼 것은?

You brush your teeth. (너는 이를 닦는다.)

❶ You doesn't your teeth.

❷ Don't you brush your teeth.

❸ You don't brush your teeth.

❹ You don't your teeth.

❺ You aren't brush your teeth.

정답) 1. We don't go to see a doctor. 2. (3)

개쉬운영어

개 쉬 운 영 어 !

42강

너희 둘은, 날 평생 쫓아다니게 될 거야!

청개구리는 어려서부터 엄마의 말에 항상 반대로 이야기했답니다. “밥, 먹으렴!”이라고 이야기하면 “밥, 안 먹어!”라고 대답하고 “일어나야지!” 하면 “일어나지 않을 거야!”라고 항상 반대로 이야기했죠.

그런데 이 청개구리보다 더한 녀석이 있었으니. 그 아이의 이름은 '더즌(doesn't)'이! 이 더즌(doesn't)이도 항상 반대로 이야기했어요.

어느 날 하늘에서 이런 음성이 내려왔어요.

"안 익은 일반동사열매를 따 먹고 내 말을 거역한 '더즈(Does)'에게 '동사원형형벌'을 내린 사실을 모른단 말이냐?

'더즌(dosen't)'이 네 녀석에게도 평생 동사만 쫓아다니며 동사를 원래상태로 바꿔놓는 '동사원형형벌'을 내리겠다!"

그 후로 지금껏 '더즈(Does)와 더즌(doesn't)'이는 일반동사만 보면 부리나케 동사의 원래의 모습으로 바꿔놓고 있답니다.

'3인칭 단수(He, She, It)'의 일반동사 부정문 만드는 방법

1) 동사가 일반동사인지 확인합니다!
2) 주어가 3인칭 단수(He, She, It)이면 doesn't을 주어와 일반동사 사이에 끼워 넣습니다.
3) s나 es가 붙었던 일반동사를 원래상태(동사원형)로 바꿔줍니다!

ex I go. (나는 간다.)

→ I don't go. (나는 가지 않는다.)

She goes. (그녀는 간다.)

→ She doesn't go. (그녀는 가지 않는다.)

개프와 함께 말해보는 시간! 긍정문을 부정문으로 말해볼게요. 주어가 3인칭 단수형일 때 주어와 일반동사 사이에 doesn't을 끼워 넣고 동사의 원래상태로 되돌려놓는 거 기억하시죠? 시작합니다.

1. She wears make-up.

(그녀는 화장을 한다.) (wear make-up : 화장을 하다)

····▶ She (   ) (   ) make-up.

(그녀는 화장을 하지 않는다.)

2. He drinks water.(그는 물을 마신다.)

····▶ He (   ) (   ) water.(그는 물을 마시지 않는다.)

3. My mom gets a perm.

(우리 엄마는 파마를 한다.) (get a perm : 파마를 하다)

····▶ My mom (   ) (   ) a perm.

(우리 엄마는 파마를 하지 않는다.)

4. Gassam sleeps.(개쌤은 잔다.)

····▶ Gassam (   ) (   ).(개쌤은 자지 않는다.)

5. My dog speaks English.(우리 개는 영어를 말한다.)

····▶ My dog (   ) (   ) English.

(우리 개는 영어를 말하지 않는다.)

정답 ① doesn't, wear ② doesn't, drink ③ doesn't, get ④ doesn't, sleep ⑤ doesn't, speak

주어가 3인칭 단수일 때의 일반동사 부정문도 생각보단 어렵지 않죠? 변형된 일반동사를 원래의 모습으로 바꿔주는 것만 주의한다면 쉽게 문장을 쓰고 말하실 수 있습니다. 한 번에 문장 전체를 말하시는 분은 천재시고요, 잘 안 되시면 긍정문을 먼저 떠올리시고 '주어와 일반동사' 사이에 'don't, doesn't'을 집어넣어 천천히 말하기 연습을 해보세요.

그럼 이제 마지막으로 우리말을 영어로 바꿔 말해볼까요?
(빈칸에 알맞은 단어를 쓰시고 말해보세요.)

1. 그녀는 나를 원하지 않아.

····▸ She ( ) want me.

2. 그는 일하지 않아.

····▸ He ( ) ( ).

3. 상준이는 애기가 없어. (have : 있다)

····▸ Sang-Jun ( ) ( ) a baby.

4. 개쌤은 코를 골지 않아. (snore : 코를 골다)

····▸ Gassam ( ) ( ).

5. 우리 엄마는 웃지 않아. (laugh : 웃다)

····▸ My mom ( ) ( ).

정답 ① doesn't ② doesn't, work ③ doesn't, have ④ doesn't, snore
⑤ doesn't, laugh

자, 드디어 일반동사의 긍정문, 의문문, 부정문을 모두 정복했습니다. 짝짝짝!
여러분들은 3대 동사(be동사, 일반동사, 조동사) 중 무려 2개의 동사를 공부하셨습니다. 일반동사와 be동사는 매일 사용하는 문장을 쉴 새 없이 만들어내는 우리에게 '산소' 같은 소중한 존재에요. 이 녀석들이 없으면 숨을 쉴 수 없죠. 한마디도 말할 수 없어요. 평상시에 우리가 자주 쓰는 말들을 영어로 바꿔 말하는 훈련을 생활화하세요.

1. 다음 문장 중 틀린 부분을 찾아 바르게 고쳐 쓰세요.

He doesn't has much money.
(그는 많은 돈을 가지고 있지 않다.)
틀린 곳 : (　　　　　) → (　　　　　)

2. 다음 중 틀린 문장을 찾으세요.

① She doesn't go.
② It don't go.
③ He doesn't go.
④ It doesn't go.
⑤ Gassam doesn't go.

정답) 1. has → have　2. (2)
해설) 1. doesn't 뒤에 동사원형 have가 와야 한다.
2. It don't go → It doesn't go.가 알맞다.

개 쉬 운 영 어 !

43강

좀, 씻고 다녀라!

이번 시간에는 지난 시간에 배운 'be동사'와 '일반동사'를 품위 있게 사용할 수 있는 시간입니다. 'be동사'와 '일반동사'를 배웠더니 사용할 곳이 많아졌죠?

그동안 기초가 안 되셨던 많은 분들은 바로 이 'be동사와 일반동사'를 완벽히 잡지 못해서 그러셨던 거예요. 지금도 솔직히 살짝 헷갈리신 분들은 주저 없이 앞 페이지로 가셔서 꼼꼼히 복습하셔야 돼요.

일상생활을 하다 보면 '상대방(You)'에게 "(너) 책 펴!", "(너) 집에 와!", "(너) 조용히 해", "(너) 좀 씻고 다녀라!" 등 지시나 명령을 하는 말을 많이 사용하게 되죠. 이번 시간에는 평상시 많이 사용하는 '명령문'과 '부정명령문'에 대해 공부해볼게요.

명령문은 '~해!'라는 뜻으로 상대에게 지시(명령)하는 말입니다. 그럼 지시를 따르는(받는) 상대는 항상 누굴까요?

그건 바로… You(너)!

명령은 항상 상대방에게 해요! 지시를 받는 상대는 항상 You! You! You!

그래서 문장에서 주어인 'You'를 빼고 바로 '동사'가 나오면 '명령문'이 되는 거예요.

쉿! 그리고, 잊지 마셔야 할 것은요!

'명령문'은 항상 동사원형으로 시작한답니다.

이게 명령문의 규칙이에요.

ex You go to school.(너는 학교에 간다.) → Go to school.(학교 가라.)

서두에 'be동사'와 '일반동사'를 품위있게 사용할 거라고 했었죠? 바로 '명령문'에서 'be동사'와 '일반동사'를 사용할 거예요. 자 따라오세요.

1) 일반동사 명령문

You run.(너는 달린다.) → Run!(달려!)

일반동사의 명령문은 그냥 주어인 'You'만 삭제하면 끝이에요. 하지만 be동사의 명령문은 be동사가 약간 변한답니다. 왜 변하는지 볼까요?

2) be동사의 명령문

You are kind.(너는 친절하다.) → Be kind.(친절해라!)
(Are)

'be(비)'라는 바람둥이 여자가 있었습니다. 이 'be(비)'는 세 명의 남자를 동시에 사랑했어요. 그 남자의 이름은 'I(아이), You(유), He(히)'!
'be(비)'는 이 모두와 사랑하고 싶어 마녀를 찾아가 이들 모두와 함께 살고 싶다고 간곡하게 부탁했어요. 그러자 마녀는 'be(비)'에게 세 가지의 얼굴(am, are, is)로 변하는 마법을 걸어주었죠. 이후에 'be(비)'는 I(아이)를 만날 때는 am(엠), You(유)를 만날 때는 are(알), He(히)를 만날 때는 is(이즈)로 변신할 수 있게 되었답니다!

하지만 모든 마법에는 부작용이 있는 법! 상대방이 'be(비)'한테 '명령'을 하게 되면 자신의 변한 모습(am, are, is)이 원래 모습(be)대로 돌아가는 것이었죠. 이때부터 'be동사'는 명령문이 나오게 되면 본인의 모습 그대로인 'be'로 돌아온답니다.

그래서 '친절해라!'라고 명령을 하면,
'You are kind'가 'Are kind'로 변하고, 'Are kind'에서 'Are'이 be동사의 원래 모습으로 뽕!
'Be kind!'가 되고 마는 것이죠!
왠지 개프가 개쌤한테 쌩얼을 들킨 느낌이네요.

이제 '명령문'을 배워봤으니 우리도 '임금님'처럼 상대방에게 명령해볼까요? 빈칸을 채워서 말해보세요.

1. 창문을 열어 ····▶ ( ) the window.

2. 방 좀 치워라. ····▶ ( ) your room.

3. 영어 공부해. ····▶ ( ) English.

4. 세수 좀 해라. ····▶ ( ) your face.

5. 정직해라. ····▶ ( ) honest.

6. 조용히 해. ····▶ ( ) quiet.

7. 약 좀 먹어라. (take some medicine : 약을 먹다)

····▶ ( ) some medicine.

정답 ① Open ② Clean ③ Study ④ Wash ⑤ Be ⑥ Be ⑦ Take

모두 '동사원형'을 사용하여 문장을 말하셨죠? 혹시 'You'를 넣어서 말씀하신 분은 없으신가요? 이제 '명령문'을 배웠으니 '명령문'의 부정인 '부정명령문(~하지마!)'을 공부해볼게요.
'부정명령문'은 무조건 명령문 앞에 'Don't'만 붙이면 끝나요.

ex 명령문 Go! (가!)
부정명령문 Don't go! (가지마!)

앞에서는 임금님처럼 근엄하게 '명령'했죠? 이번에는 패기 있는 '군인'처럼 명령해볼까요? 이번에도 빈칸을 채워서 말해보세요.

1. 문 닫지 마. ····▸ (　　)(　　) the door.

2. 눈 뜨지 마. ····▸ (　　)(　　) your eyes.

3. 게임 하지 마. ····▸ (　　)(　　) the game.

4. 늦지 마라. ····▸ (　　)(　　) late.

5. 방귀 뀌지마. (방귀를 뀌다 : fart) ····▸ (　　)(　　).

정답 ① Don't, close ② Don't, open ③ Don't, play
④ Don't, be ⑤ Don't, fart

'명령문' 앞에 'Don't'를 넣었더니 '부정명령문'으로 예쁘게 변신했죠? '명령문과 부정명령문'은 일상생활에서 매일 사용하는 표현이에요. be동사와 일반동사를 이용해서 많이 연습하세요.

다음 문장을 명령문과 부정명령문으로 바꿔 쓰세요.

You take your book. (너는 너의 책을 가져간다.)

(명령문) 책 가져가! → (   )

(부정명령문) 책 가져가지마! → (   )

정답) (명령문) Take your book. (부정명령문) Don't take your book.

개 쉬 운 영 어 !

44강

의리의 '조동이파' 식구들

개쌤 팬 be동사 완료! 일반동사 완료!

어라? 그런데 뭔가 허전한 이 느낌은 뭐지… 빤쥬를 안 입고 나왔나?! 분명 개쌤이 동사는 3가지라고 했는데…

나머지 동사는 언제 배우지…?

개쌤 언제 배우냐고요? 바로 지금!

세 번째 동사 '조동사'를 공부해볼게요!

의리의 '조동이파'(조동사들이 모여 있는 조직)를 아시나요? 동사 앞에서 동사를 도와주며 동사의 의미를 멋지게 만들어준다는 '조동이파 식구들'. 뭐든지 할 수 있다는 능력 있는 보스 '캔(can)'과 당장 내일부터 일을 진행할 거라는 미래지향적 2인자 '윌(will)', 형님들이 시키면 뭐든 해야 한다고 말하는 막내 '머스트(must)' 등 '조동이파' 식구들은 '동사'를 돕는 일이라면 열일 제쳐놓고 발 벗고 나서는 의리로 똘똘 뭉친 형제들입니다.

I study English(나는 영어를 공부한다)라는 문장이 있어요. 조동이파 식구들에게 도움을 청해서 멋진 문장을 완성해볼게요.
'나는 영어공부를 할 수 있어. 난 영어를 공부할 거야. 난 영어공부를 해야 돼.' 세 가지 문장을 보면 주어 'I(나는)'와 동사 'study(공부한다)'가 쓰여서 비슷한 듯 보이지만 의미가 전혀 다르다는 것을 눈치 채셨을 거예요.
이럴 때 우리 '조동이파' 식구들이 형제인 동사들을 도와주러 오신답니다. 빠른 속도로 동사 바로 앞에 달려와 든든하게 서 계시죠.

"할 수 있다, 할 수 있어!"를 늘 외치시는 보스 'can' 형님께서 오시면,
'I **can** study English. 나는 영어공부를 할 수 있어'라는 문장이 완성되고,
"할 거야, 할 거야!" 무슨 일이든 척척 할 거라는 미래지향적인 둘째 형님이 나타나게 되면,
'I **will** study English. 나는 영어공부를 할 거야'라는 문장이 완성됩니다.
또, 형님들이 시키는 건 뭐든지 해야 한다는 막내 'must'가 나타나면,
'I **must** study English. 나는 영어공부를 해야 돼'라며 강한 의지를 나타내죠.

조동이파(조동사) 식구들은요, 주어가 누가 오든 변덕쟁이 일반동사처럼 모양이 변하지 않아요. 일반동사가 있는 문장의 주어가 3인칭 단수가 올 때 모양이 변했잖아요.

'He swims.'처럼요.

하지만 조동이파 식구들은 변하지 않아요.
'He cans'가 아니라 언제 어디서나 'He can!' 조동이파 보스 'can'은 보스답게 변치 않는 모습으로 자기 자리를 굳건히 지킨답니다. 심지어 조동이파 식구들 뒤에 나오는 동사들의 모습마저 원래의 모습으로 돌아가게 도와주는 엄청난 의리파 싸나이죠!

He swims. ····▸ He can swim.

쉿! 이건 비밀인데요.
조동이파 조직 중에 신분을 숨기고 지금껏 동사들을 몰래 도와주던 녀석들이 있었는데요. 여러분 눈치 채셨나요? 바로 '일반두더지(Do/Does)'! 일반동사들만 유독 도와주던 이 'Do, Does'들도 바로 조동이파 식구들이었답니다.
놀랍죠?

Do you swim? ····▸ 너는 수영하니?

Does she play tennis? ····▸ 그녀는 테니스 치니?

마지막으로 조동이파(조동사) 식구들의 활약상을 살펴볼까요?

1. 조동사는 be동사나 일반동사 앞에서 그 동사의 의미를 보충해줍니다.

ex I play baseball. (나는 야구를 한다.)
I can play baseball. (나는 야구를 할 수 있다.)
You are a painter. (너는 화가이다.)
You will be a painter. (너는 화가가 될 거야.)

2. 조동사 뒤에 오는 모든 동사는 동사의 원래 모습(동사원형)으로 바꿔줍니다.

ex She comes. (그녀는 온다.)
She will come. (그녀는 올 거야.)

3. 일반동사의 의문문과 부정문을 만들 때도 조동사(Do, Does)가 일반동사를 도와줍니다.

ex Do you watch TV? (너는 TV 보니?)
I don't watch TV. (나 TV 안 봐.)

다음 시간에는 능력의 보스 'can' 형님과, 미래지향적인 둘째 형님 'will'에 대해 깊이 알아보도록 해요.

조동사의 설명으로 틀린 것은?

❶ 조동사는 동사를 도와주는 동사를 말한다.
❷ 조동사 뒤에는 be동사만 올 수 있다.
❸ 조동사에는 will, can, must 등이 있다.
❹ 조동사 뒤에는 동사원형이 온다.
❺ 조동사는 주어에 의해 모양이 변하지 않는다.

정답) 2
해설) 조동사 뒤에는 항상 be동사만 오는 것이 아니다.

개쉬운영어

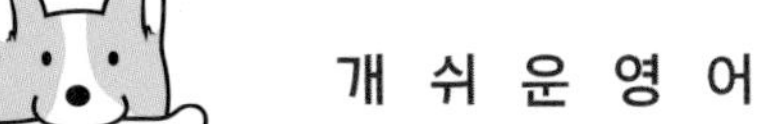

45강

조동이파 보스 '캔(can)'

뭐든지 할 수 있다는 능력 있는 보스 '캔(can)'의 가르침으로, 개프한테 결혼하자고 고백하기 전 떨리는 마음으로 수백 번 다짐했던 그 말! '난 할 수 있다!(I can do it!)'였어요. 이때 이 말을 하지 않았다면 전 지금도 고독한 솔로로 살고 있었을지도 모르죠.

동사들은 다 뜻이 있어요. 'draw(그리다), walk(걷다), jog(조깅하다), hang out(놀다), work out(운동하다) 등'.
그래서 주어 뒤에 동사를 붙이면 간단한 문장을 만들 수 있죠.

ex I work out daily.(나는 매일 운동해.)

'나는 매일 운동해'라는 표현 말고, '나는 매일 운동할 수 있어'라고 말하기 위해서는 어떻게 해야 할까요? 혹시나 '운동할 수 있다'라는 단어가 있는 건 아닐까요?
영어단어 중 '수영할 수 있다', '갈 수 있다' '운동할 수 있다' 등의 단어가 존재했다면 우리는 지금 외우고 있는 영어단어의 2배 이상을 더 외워야 했을 거예요. 오히려 그런 단어가 존재하지 않은 것에 감사해야 하죠.

우리는 조동이파 보스 '능력의 can'을 사용해서 이런 문제들을 해결할 수 있어요.
보스 can은 언제나 "할 수 있다, 할 수 있어!"를 외치며 우리 동사들의 능력을 북돋아주죠.

ex You speak English. (너는 영어를 말한다.)
→ You can speak English. (너는 영어를 말할 수 있어.)

He drinks some coffee. (그는 커피를 마신다.)
→ He can drink some coffee. (그는 커피를 마실 수 있다.)

이렇게 'can+동사원형'을 이용해서 '~할 수 있다'라는 문장을 만들 수 있어요. 그럼 '~할 수 있니'라고 물어보는 말을 하려면 어떻게 할까요?

조동사도 be동사의 의문문처럼 '주어'와 '조동사'를 바꿔주기만 하면 돼요!

ex You can read a book. (너는 책을 읽을 수 있다.)
→ Can you read a book? (너는 책을 읽을 수 있니?)

상대가 의문문으로 질문을 해오면 대답을 해야겠죠? 조동사로 물어보는 말에 대답하는 것도 'be동사'로 대답하기와 똑같답니다.

'Yes, 주어+can.(응, 할 수 있어.)', 'No, 주어+can't.(아니, 할 수 없어.)'

ex Can you go shopping? (쇼핑하러 갈 수 있니?)
[긍정] Yes, I can. (응, 갈 수 있어.)
[부정] No, I can't. (아니, 갈 수 없어.)

그럼 마지막으로 조동사 can의 부정문을 배워볼까요? 조동사 can의 부정문은 '~할 수 없다'라는 뜻으로 'can' 뒤에 'not'만 붙여주면 돼요. 이것도 'be동사의 부정문'과 똑같죠?

ex I can meet her.(나는 그녀를 만날 수 있다.)
→ I can not(can't) meet her.(나는 그녀를 만날 수 없다.)

참고 can not은 cannot[캐낫]이라 붙여 쓰거나 can't[캔ㅌ]라고 줄여 쓸 수 있습니다.

그럼 이제 can을 이용한 문장 말하기 연습을 해볼까요? 빈칸을 채워서 말해보세요.

1. 그는 첼로를 연주할 수 있어.

····▶ He (　　) (　　) the cello.

2. 그들은 교회에 갈 수 있니?

····▶ (　　) they (　　) to the church?

3. 우리 엄마는 노래 할 수 없어.

····▶ My mom (　　) sing a song.

4. 당신이 내 차를 운전 할 수 있나요?

····▶ (　　) (　　) drive my car?

정답 ① can, play ② Can, go ③ can't ④ Can, you

개프팁! 내가 이거 써도 되겠니?

'Can I ~ ?'로 묻는 말을 많이 들어보셨을 거예요. 'Can I ~ ?'는 '나는 할 수 있니?'라는 말이지만 문장에 따라 '내가 할 수 있겠니?, 내가 해도 되겠니?'라고 자연스럽게 해석하세요.

Can I use this? (내가 이거 써도 되겠니?)

조동사 can의 설명으로 틀린 것은?

❶ can은 '~할 수 있다'라는 뜻으로 쓰인다.

❷ can 뒤에는 '동사원형'이 온다.

❸ can의 의문문은 'Can+주어+동사원형~'의 순이다.

❹ can은 '깡통'이라는 뜻의 명사로도 쓰인다.

❺ can은 주어가 3인칭 단수일 때 cans로 변한다.

정답) 5

해설) 조동사들은 주어에 상관없이 항상 모양이 변하지 않는다.

개쉬운영어

개쉬운영어!

46강

조동이파 둘째 형님 '윌(will)'

'나는 선생님이 될 거야', '난 웃을 거야', '나는 집에 갈 거야', '나는 먹을 거야'의 공통점은?

(1) 현재를 나타낸다. (2) 과거를 나타낸다. (3) 미래를 나타낸다.

정답은… (3)번!

1초만 지나도 우리가 살고 있는 곳은 '현재'가 아니라 '미래'가 됩니다. 미래의 표현을 하기 위해서는 '~거야'라는 뜻의 조동사가 필요하겠죠? 이때 우리 조동이파의 둘째 형님 'will[윌]'이 도와주신답니다. 이 'will' 형님은 이래 뵈도 해외 유학파 출신이라 현재에 만족하지 않고, 앞으로의 계획을 철저하게 세우며 미래를 준비하시죠.

go (가다.) ····▸ will go (갈 거야.)

buy (사다.) ····▸ will buy (살 거야.)

give (주다.) ····▸ will give (줄 거야.)

동사 앞에 will이 오니 모두 '미래'를 나타내는 표현으로 바뀌었죠? 'will' 형님도 형님 뒤에 있는 동사들까지 원래의 본모습(동사원형)으로 되돌려주신답니다. '조동이파'의 맹세니까요!
"조동이파 뒤에 나오는 동사들은 끝까지 책임진다! 처음 모습 그대로 지켜주도록! 알겠나?"
"알겠습니다. 형님!"

• I go to New york. (나는 뉴욕에 간다.)
  ····▸ I will go to New york. (나는 뉴욕에 갈 거야.)

• She goes to Hong Kong. (그녀는 홍콩에 간다.)
  ····▸ She will go to Hong Kong. (그녀는 홍콩에 갈 거야.)

뒤에 나오는 의문문과 부정문도 앞에서 배운 '조동사 can'과 모든 규칙이 동일하답니다. 한번 볼까요?

조동사 will의 의문문은 'Will+주어+동사원형~?'으로 나타내며 '~거니?, ~거야'로 해석합니다.

ex You will go. (너는 갈 거야.) → Will you go? (너는 갈 거니?)

상대에게 '~할 거니?'라는 말을 아주 많이 쓰죠?

이때 "Will you~?"라고 항상 시작하게 되는데요. 이때 [윌유~?]라고 하나씩 정확하게 발음하지 마시고, [위유~?]라고 편하게 발음하세요.

이제 이 질문에 대한 답을 해볼까요? 긍정일 때는 'Yes, 주어+will(응, 할 거야)', 부정일 때는 'No, 주어+will not(won't)(아니, 안 할 거야.)'!

ex Will you go? (너는 갈 거니?)

[긍정] Yes, I will. (응, 갈 거야.)

[부정] No, I will not.(won't) (아니, 안 갈 거야.)

개프팁!

'will not'을 줄인 'won't'의 발음은 [웡ㅌ]입니다.

[원ㅌ]라고 발음하면 '원하다'라는 뜻의 'want'가 되니 꼭 주의하세요.

---

will의 부정문(~안 할 거야) 또한 can의 부정문과 규칙이 똑같아요.

will 뒤에 not! **ex** You will go. (너는 갈 거야.)

→ You will not(won't) go. (너는 안 갈 거야.)

미래를 나타내는 조동사 will까지 알아봤는데요. 이제는 이 will을 가지고 미래를 나타내는 문장들을 말해볼까요? 빈칸을 채워서 말해보세요.

1. 난 노래 할 거야. ···▶ I (　)(　) a song.
2. 그녀는 이거 안 살 거야. ···▶ She (　)(　) this.
3. 그들은 집에 올 거야. ···▶ They (　)(　) home.
4. 그들은 샤워를 할 거니? ···▶ (　)(　) take a shower?

정답 ① will, sing ② won't buy(get을 사용해도 됨) ③ will come ④ Will they

조동사 can과 will까지 배웠으니 더 많은 표현의 문장 말하기를 하실 수 있겠죠? 여러분이 영어로 말하고 계시는 모습을 상상하기만 해도 떨리고 행복합니다.

다음 문장을 의문문과 부정문으로 바꿔 쓰세요.

They will help you. (그들은 너를 도와줄 거야.)

(의문문) "그들은 너를 도와 줄 거니?"

→

(부정문) "그들은 너를 도와주지 않을 거야."

→

정답) 의문문. Will they help you? 부정문. They will not(won't) help you.

콩글리시 7탄 오바이트!

수업 시작하기 전에 개프씨와의 첫 만남을 좀 이야기할게요. 때는 2007년 어느 허름한 술집이었답니다. 개프씨를 꼬시기 위해 술을 계속 권했는데요. 술이 약한 개프씨는 그만 화장실에서 '구토'를 하고 맙니다. 그래서 제가 개프씨한테 "개프씨, 오바이트 좀 하지 말고 참아봐요" 이랬더니 개프씨가 정신을 차리며 저에게 "개쌤, 이건 오바이트가 아니예요, 바보"라고 이야기하며 집으로 가버리더라고요.

제 첫 만남을 망쳐버린 '오바이트(overeat)'! 이 녀석도 '콩글리시'였다니!
오바이트의 정확한 뜻을 보면 'over(넘치게, 과도하게)+eat(먹다)'로 '과도하게 먹다' 즉 '과식하다'의 뜻으로 쓰인답니다.
그래서 외국인한테 '나 어제 오바이트 했어'라고 이야기하면 '이 친구, 어제 과식했구나'라고 이해한답니다.
그럼 '구토하다'의 정확한 영어표현을 알아볼까요?
'throw up[뜨로우업]'

'throw[뜨로우]'는 '던지다'라는 뜻으로 쓰이고, 'up[업]'은 '위로'라는 뜻이 있답니다.
제가 술을 많이 먹게 되면 '위(신체부위)'에서 제 몸을 보호하기 위해 지금까지 먹었던 음식물들을 다시 위로(up) 던진답니다(throw). 그래서 지금까지 먹었던 음식물들이 입을 통해서 배출되는 것이죠! 그래서 'throw up[뜨로우업]'이 '토하다'가 되는 거랍니다.

술을 많이 먹은 후에 '구토'가 하고 싶다면 참지 마시고 말하세요.
"I throw up[아이 뜨로우업]"!

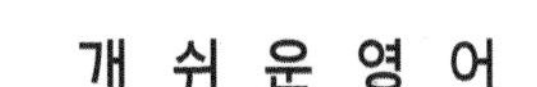

47강

개쌤의 그날이 궁금해

"너 밥 언제 먹었어?" "어디서 먹었는데?" "누구랑 먹었어?"
"뭐 먹었는데?" "어떻게 먹었어?" "왜 먹었는데?"
우리는 무엇인가가 궁금할 때 이렇게 구체적으로 '언제? 누구랑? 어디서?' 등의 의문사를 넣어 물어보게 되죠. 질문할 때 사용하는 문장을 의문문이라고 배웠습니다. 질문에 대한 대답으로 Yes나 No로 답할 수 있다고 했었죠.

예를 들어 "너 아침 먹니?(Do you have breakfast?)"라고 물어보면 "응, 먹어(Yes, I do)" 또는 "아니, 안 먹어(No, I don't)"로 답할 수 있죠.
하지만 의문사로 물어볼 경우에는 Yes나 No로 대답하면 안 돼요. 왜냐고요?
그건 '개쌤의 부부싸움 현장'을 살펴보신 후 알려드리겠습니다.

개쌤과 개프가 부부싸움을 해서 경찰서에 잡혀왔다.

형사 대체 싸움은 '언제' 하신 거예요?

개쌤 그게 5월 27일 저녁 11시경으로 기억합니다.

형사 '어디'에서 싸움을 하셨나요?

개쌤 저의 아파트 안방에서 싸움을 시작했습니다.

형사 아파트에서 '무엇'을 하셨나요?

개쌤 무엇을 하긴요. 서로 싸움을 했죠.

형사 그럼 싸움은 '누구'랑 하신 거죠?

개쌤 그걸 질문이라고 하세요? 당연히 제 와이프인 개프랑 했죠.

형사 '어떻게' 싸웠나요?

개쌤 개프가 절 막 꼬집고 때렸습니다.

형사 '왜' 부부싸움을 한 거죠?

개쌤 제가 시계 뒤에 숨겨놓은 비상금을 개프가 청소를 하다가 알게 되었답니다. 그걸 저지하려다… 죄송합니다. ㅜㅜ

개쌤의 부부싸움 현장에 대한 감식을 모두 마쳤는데요. 여기서도 형사는 주구장창 질문을 하고 있고 개쌤은 계속 답변을 하고 있답니다.
대화에서 보듯이 '언제(when), 어디서(where), 무엇(what), 누구(who), 어떻게(how), 왜(why)'를 의문사라고 하는데요. 이렇게 의문사로 질문을 할 때에는 Yes나 No로 대답하는 것이 아니라 질문에 맞는 답변을 해야 한답니다.

여기서 잠깐! 왜 의문사로 질문을 할 때에는 Yes나 No를 사용할 수 없느냐?

형사 대체 싸움은 '언제' 하신 거예요?

개쌤 Yes. 네. 알겠습니다.

어때요? 형사의 말에 동문서답으로 답변을 하고 있죠? 이렇게 '의문사'를 넣어 질문을 하게 되면 '그 의문사'에 맞는 답변을 해야 됩니다.
다음 시간부터는 '의문사'들에 대해 자세히 알아보고, 그 의문사에 맞는 대답을 배워보도록 할게요.

정답) 4

해설) watch는 '보다'라는 뜻의 일반동사이다.(손목시계라는 명사의 뜻도 있다.)

개 쉬 운 영 어 !

48강

언제 똥 싼 거야?

친구들과 대화 중에 많이 사용하는 의문사는 무엇일까요? 그건 바로 '언제'! "언제 만날래?" "우리 언제 놀러가요?" "너 얼굴이 창백해. 언제 똥 싼 거야?" "너희 둘이 언제부터 사귀었어?" 등 하루에도 수십 번씩 사용하는 표현이에요.

'언제'라는 말은 '정해지지 않은(잘 모르는) 막연한 때'를 나타내거나 '과거의 어느 때'를 나타낼 때 사용합니다. 어느 시점에서 무슨 행동을 하는지 궁금할 때 '언제?'라는 말을 사용하게 되는 것이죠.

의문사들은 문장에서 가장 중요하기 때문에 제일 먼저 말하고 시작해야 해요.

언제? When?

학교 가니? Do you go to school?

너는 언제 학교 가니? When do you go to school?

빈칸에 알맞은 의문사를 넣어서 말해보세요.

be동사와 일반동사를 완벽하게 공부하신 분이라면 쉽게 문장을 만들 수 있을 거예요.

- 너는 언제 오니?

  ···▸ (   ) do you come?

- 너 생일이 언제야?

  ···▸ (   ) is your birthday?

정답 When, When

의문사 when을 공부할 때에는 이것만 기억하세요!
의문사 when은 문장 앞에 오고 대답은 Yes, No로 하지 않고 질문에 맞는 답을 한다!

이제 의문사 when에 대한 질문에 답변을 해볼까요?

- **When do you come?** (너는 언제 오니?)
- 저녁 전에 갈게요.

  ····▸ I (　　) (　　) before dinner.

- **When is your birthday?** (너 생일이 언제야?)
- 내 생일은 5월 10일이야.

  ····▸ (　　) (　　) (　　) May 10.

정답 will, go / My, birthday, is

When으로 물어보는 여러 표현들을 생각해보시고 질문과 대답을 연습해보세요.

정답) When

해설) 어느 시점을 나타내는 의문사는 'when(언제)'이다.

개쉬운영어!

49강

세상에서 가장 무서운 말 1편, 마누라 : "어디야?"

학창시절이나 지금이나 제가 가장 무서워하는 말이 있습니다. 그건 바로 "너 어디야?"!

학창시절 부모님 몰래 PC방을 가면 엄마가 귀신같이 알고 "너 어디야?"

결혼 후 친구들과 몰래 만나 놀고 있으면 와이프가 "너 어디야?"

영화나 드라마를 봐도 "너 어디야?(Where are you?)"는 정말 많이 나오죠? 그럼 상대방에게 내가 어디에 있는지 진실 혹은 거짓으로 답변을 해야 합니다.

'where(어디에)'은 '잘 모르는 어느 곳'을 가리키는 말이랍니다.
누군가 혹은 무엇인가가 어디에 있는지 장소가 궁금할 때 사용하면 되겠죠?
where 또한 의문사이기 때문에 질문에 대한 답변은 꼭 Yes나 No가 아닌 서술형으로 해야 해요. "나 상갓집이야", "나 집인데", "난 너의 맘속이야" 이렇게 말이죠.

이제 where의 사용방법을 알았으니 문장으로 만들고 말해야겠죠?
빈칸에 알맞은 단어를 넣어 말해보세요.

- 어디에 백화점이 있죠? (department store : 백화점)

  ····▶ (   ) (   ) a department store?

- 어디에 살아요? (live : 살다)

  ····▶ (   ) do you (   )?

- 너의 아빠 어디에 있니?

  ····▶ (   ) is (   ) (   )?

정답 Where, is / Where, live / Where, your, dad(father)

모두 'where'을 사용해서 질문하고 계시죠? 그럼 이 질문에 대한 대답을 해보도록 할까요?

- **Where is a department store?** (어디에 백화점이 있죠?)
- 저쪽에 있어요. (over there : 저쪽에)

    ····▶ It's (   ) (   ).

- **Where do you live?** (어디에 살아요?)
- 서울에 살아요.

    ····▶ (   ) (   ) in Seoul.

- **Where is your dad?** (너의 아빠 어디에 있니?)
- 그는 베이징에 있어요.

    ····▶ (   ) (   ) in Beijing.

정답 over, there / I, live / He, is

다음 중 빈칸에 들어갈 말을 쓰세요.

A: (   ) is your boyfriend?

(너의 남자친구는 어디에 있어?)

B: He is in the Gashwoon club.

(그는 개쉬운클럽에 있어.)

정답) Where

해설) '어디에'라고 장소를 물어보는 의문사는 'where'이다

개 쉬 운 영 어 !

50강

세상에서 가장 무서운 말 2편, 마누라 : "뭐해?"

전 금연을 약속하고 개프랑 결혼을 했습니다. 하지만 담배의 유혹은 쉽게 사그라들지 않았죠. 그래서 몰래 베란다에서 담배를 피우고 있는데 갑자기 개프가 다가와서 제게 묻더군요. "여보, 뭐해?" 세상에서 가장 무서운 말인 "Where are you?(너 어디야?)"와 쌍벽을 이루는 "What are you doing?(너 뭐해?)"

이번 시간에는 가장 소름끼치고 무서운 '무엇'을 공부해보도록 할게요.

'무엇'은 '모르는 사실이나 사물'을 이야기할 때 많이 쓰는 단어랍니다. 영어로는 'what'이라고 표현하죠.

그런데 말입니다.

우리는 여기서 '모르는 사실'과 '모르는 사물'에 집중할 필요가 있습니다.

우리는 하루에도 몇 번이나 '모르는 사실'을 알기 위해 상대방에게 매번 "뭐 해?"라는 말을 하곤 합니다. 또, 모르는 사물을 볼 경우에도 "그게 뭐냐?"라고 묻게 되죠.

궁금증이 많은 어린아이나 호기심이 많은 분들이 많이 사용하는 'what(무엇)'!

이 'what'을 사용해서 문장 말하기를 해볼까요?

- 이게 뭐예요?

  ····▶ (   ) is (   ) ?

- 너 직업이 뭐야?

  ····▶ (   ) do (   ) do?

- 지금 몇 시에요?

  ····▶ (   ) (   ) is it now?

정답 What, this / What, you / What, time

개프팁!

영어 'what'은 '무엇' 말고도 '뭐, 무슨, 몇' 등 많은 한글표현들이 있답니다.

'what'으로 묻는 문장에는 어떻게 대답해야 할까요?
무엇이 궁금한지 잘 들어보고 구체적으로 대답해주시면 돼요. 한번 말해보세요.

- **What is this?** (이게 뭐예요?)
- 그건 휴대폰이에요.

  ····▸ (　　)(　　) a cell phone.

- **What do you do?** (너 직업이 뭐야?)
- 난 소방관이야.

  ····▸ (　　)(　　) a firefighter.

- **What time is it now?** (지금 몇 시에요?)
- 2시에요.

  ····▸ (　　)(　　) two.

정답 It, is / I, am / It, is

What도 의문사이기 때문에 Yes 나 No가 아닌 구체적인 답변을 해야 합니다. 또한 'What is this?(이게 뭐야?), What is that?(저게 뭐야?)'라는 질문에 답할 때에는 'It(그것은)'으로 시작해야 한다는 것도 기억해주세요.

개프 What is this? (이게 뭐야?)

개쌤 It is a panda. (그건 팬더야.)

개프 What is that? (저건 뭐야?)

개쌤 It is a snake. (그건 뱀이야.)

POP QUIZ

다음 중 빈칸에 들어갈 말을 쓰세요.

A: (   ) is your name?

(너 이름이 뭐니?)

B: I'm Gassam.

(난 개쌤이라고 해.)

정답) What

해설) '무엇'이 궁금할 때는 의문사 'what'를 쓴다.

개쉬운영어

개 쉬 운 영 어 !

51강

이 완벽한 섹시남은 누구?

제가 결혼을 하고 난 후 다이어트 결심을 하게 된 계기가 있었는데요. 그건 바로 이 사람 때문이랍니다. 대체 그가 '누구'이길래 대한민국 건국 이래 가장 완벽하고 섹시하다고 느끼는 개쌤이 다이어트를 하게 되었을까요? 여러분이 그가 누구인지 맞춰보실래요? (Who is he?)

〈깜짝퀴즈〉

Q. 대한민국에서 가장 섹시한 남자는?

1. 개쌤 2. 박명수 3. 정준하 4. 송중기

너무 어렵죠? 정답은 '누구'일까요?
그렇습니다. 바로 4번 '송중기'씨죠.
송중기씨 때문에 다이어트에는 성공했지만 얼굴은 바뀌지 않더라고요.
이제 오늘 배울 표현인 'who'를 공부해볼까요?

'who(누구)'는 '잘 모르는 사람'을 이야기할 때 쓰는 의문사예요. TV를 보거나 재미있는 영상을 보다 어떤 사람이 궁금해질 때 우리는 'Who is he?(그는 누구야?), Who is she?(그녀는 누구야?)'라고 많이 이야기하죠? 이럴 때 사용하는 의문사가 바로 'who(누구)'랍니다.

영화 '올드보이'에서 주인공 '최민식'씨가 자기를 감금시킨 범인들을 찾는 내용이 나오는데요. 최민식씨 입장에서는 그 범인들이 누구인지 무척이나 궁금하겠죠? 그래서 그 범인들을 한 명 한 명 찾을 때마다 최민식씨가 하는 말이 있어요. 그건 바로 "넌 누구냐?(Who are you?)"

Who are you?

"누구냐, 넌?"

제 와이프는 자다 깬 제 얼굴을 보며 항상 'Who are you?(넌 누구냐?)'라고 이야기하는데요. 그럴 때마다 전 'I'm Joong-ki Song.(난 송중기야.)'이라고 답한답니다.

와이프는 아침마다 옆에 잠들어 있는 제 얼굴을 보고 화들짝 놀라 잠이 깬다고 하는데요. 아마도 제가 송중기씨를 꼭 빼닮아 놀란 것 같아요.

'who'로 묻는 문장은 '사람'이 누구인지 궁금한 거겠죠? 의문사 who를 다 숙지하셨다면 이제 자신 있게 말해보세요!

- 누가 방귀 뀌었어? (farted : 방귀를 뀌었다)

  ····▸ (   )(   )?

- 가장 좋아하는 가수가 누구에요? (favorite : 마음에 드는, 가장 좋아하는)

  ····▸ (   ) is your favorite (   )?

- 그 소녀들은 누구니?

  ····▸ (   ) are the (   )?

정답 Who, farted / Who, singer / Who, boys

실제로 방구를 껴보고 상대방에게 'Who farted?'라고 이야기한다면 회화공부를 더욱 실감나게 하실 수 있어요. 지금 해보실래요?

- **Who farted?** (누가 방귀 뀌었어?)
- 내가 방금 뀌었어. (just : 방금, 그냥, 딱, 그저 등의 부연설명을 돕는 부사에요.)

  ····▸ (　　) just (　　).

- **Who is your favorite singer?**
  (가장 좋아하는 가수가 누구니?)
- 내가 가장 좋아하는 가수는 마이클 잭슨이에요.

  ····▸ My favorite (　　)(　　) Michael Jackson.

- **Who are the boys?** (그 소년들은 누구니?)
- 그들은 EXO(엑소)야.

  ····▸ (　　)(　　)(　　).

정답 I, farted / singer, is / They, are, EXO.

'who'를 넣어 문장 말하기 연습 잘 하셨나요? 사람에 대해 궁금하실 때는 항상 'who'로 물어보는거 잊지 마세요!

다음 중 빈칸에 들어갈 말을 쓰세요.

A: (   ) is that woman?

(저 여자는 누구예요?)

B: She is Gaff.

(그녀는 개프에요.)

정답) Who

해설) '누구'라고 묻는 말에는 의문사 'who'를 쓴다.

개쉬운영어

개 쉬 운 영 어 !

52강

어떻게 하다 하필 거기를 다쳤대?

개쌤이 축구를 하다가
중요한 부위(?)를 다쳤대!

진짜?
어떻게 하다가 다쳤는데?

상대방이 공을 차려고 하다가
거기를 찼대.

이제 개쌤 필요 없겠다!
너 가져

위 대화를 보면 개쌤이 '어떻게' 다쳤는지 물어보고 답하는 내용이 나옵니다.

"어떻게 해서 개쉬운영어책이 베스트셀러가 된 건가요?" "어떻게 요리해야 하죠?"처럼 'how(어떻게)'는 상대방에게 방법을 물어볼 때 사용해요.

또 "그녀는 어떻게 생겼어?" "오늘 날씨는 어때?" "어떻게 지냈어?"등 상태를 물어볼 때에도 'how'를 사용하고요, "이거 얼마죠?" "얼마나 많은 돈을 가지고 있나요?" 등 수와 양을 나타낼 때에도 'how(얼마나)'를 사용한답니다.
특히나 "오늘 날씨 어때?"라든가 "너 어떻게 지냈어?" "이거 얼마에요?" 등은 자주 사용하는 말이기 때문에 꼭 기억하고 있어야겠죠?

- 날씨는 어때? ····▸ How is the weather?
- 비가 와요. ····▸ It's rainy.

날씨를 말할 때에 비인칭주어(투명주어) 'it'을 사용해야 하는 것도 잊지 않으셨죠? how의 뜻을 알았으니 이제 'how'를 넣어 많이 사용하는 문장들을 말해볼까요?

- 이거 얼마예요?
  ····▸ (   ) much is (   )?
- 어떻게 지냈어?
  ····▸ (   ) are you?
- 그녀는 어떻게 생겼어?
  ····▸ (   ) does (   ) look?

정답 How, this / How / How, she

How를 넣어서 잘 말씀하셨나요? 그럼 이 표현들에 대한 대답을 말해보도록 할게요.

- How much is this? (이거 얼마예요?)
- 5달러입니다.
  ····▶ It's (   )(   ).

- How are you? (어떻게 지냈어?)
- 잘 지냈어.
  ····▶ I'm (   ).

- How does she look? (그녀는 어떻게 생겼어?)
- 그녀는 뚱뚱하고 키가 작아요. (fat : 뚱뚱한, short : 키가 작은)
  ····▶ (   )(   )(   ) and (   ).

정답 five, dollars / good(fine, great) / She, is, fat, short.

마음껏 소리 질러서 대답하셨나요? 다음 시간에는 마지막 의문사를 공부할 거예요. 기대해주세요.

다음 중 빈칸에 들어갈 말을 쓰세요.

A: (　　　) do I eat this Indian food, mom?
(엄마, 이 인도 음식은 어떻게 먹어요?)

B: Eat with your hands.
(손으로 먹어!)

정답) How

해설) 음식을 먹는 방법을 물어보고 있으므로 'How'가 알맞다.

개 쉬 운 영 어 !

53강

개쌤, 너 왜 울어?

제가 와이프와 한참 데이트를 하고 있을 때의 이야기를 좀 할게요. 그날은 제가 너무 무리하게 과식을 한 날이었습니다. 그랬더니 엉덩이에서 금방이라도 순대(?)가 나올 것만 같았어요.

하지만 그때는 와이프와 만난 지 얼마 되지 않았을 때라 그냥 참고 있었는데 나도 모르게 울음이 나왔습니다. 그걸 본 와이프가 "너 왜 울어?"라고 이야기하더군요.
그래서 전 "순대(?)를 참고 있었는데 순대가 바지로 흘러내렸어"라고 개프씨한테 대답을 했고 그 후로 개프씨를 한동안 볼 수 없었답니다.

앞에 나온 이야기처럼 사람들은 항상 '이유'를 궁금해 합니다. 그래서 대화도중 '왜'라는 의문사를 넣어 '왜 늦었어?' '왜 날 싫어하는데?', '왜 난데?' 등의 표현을 자주 사용하죠. 이처럼 의문사 why는 '왜'라는 뜻으로 '어떤 사실에 대한 이유'가 궁금할 때 많이 사용합니다.

의문사 'why'의 뜻과 쓰임을 알았으니 이제 'why'를 넣어 문장을 만들어 말해볼까요? 빈칸을 꼭 채워서 이야기해보세요.

- 너는 왜 우니?

  ···▸ (   ) do you (   )?

- 왜 나를 사랑하니?

  ···▸ (   ) do you (   ) me?

- 너 왜 웃니?

  ···▸ (   ) do you (   )?

정답 Why, cry / Why, love / Why, laugh

의문사(why)가 있는 의문문(물어보는 말)을 만들기 위해서는 동사를 완벽하게 알고 있어야 해요. 그래야 상대방에게 궁금한 것을 질문할 수 있답니다.

이제 질문을 받았으니 답변을 해야겠죠? '왜(why)'라는 의문사가 포함된 질문이기 때문에 이유를 구체적으로 말하셔야 돼요. 대답할 때 '왜냐하면(because)'을 넣어서 말하면 약간의 시간을 벌 수 있어요. 꿀팁이죠! 그럼 상냥하게 대답해볼까요?

- **Why do you cry?** (너는 왜 우니?)
- (왜냐하면) 나 아파요.

  ····▸ **Because (　　) (　　).**

- **Why do you love me?** (왜 나를 사랑하니?)
- 너는 돈이 많아.

  ····▸ **Because (　　) (　　) much money.**

- **Why do you laugh?** 너 왜 웃니?
- 개쉬운영어가 너무 재미있어서. (exciting : 재미있는)

  ····▸ **(　　) Gashwoon English (　　) so (　　).**

정답 I'm, sick / You, have / Because, is, exciting

53강

모든 질문에 자신 있게 대답하셨나요? 이제 여러분들은 '의문사'를 모두 섭렵하셨습니다. 의문사를 알고 있으면 여러 표현들을 물어보고 대답할 수 있어요.

지금 옆에 있는 가족이나 친구들한테 의문사를 넣어서 물어보세요!

외국인과 함께 살고 있지 않으면 영어를 사용할 일이 거의 없기 때문에 잊어버릴 수 있어요. 하루에도 수십 번씩 계속 사용하셔야 정말 필요한 순간에 술술 나오게 됩니다. 내 옆에 투명 외국인이 항상 따라 다닌다고 생각하세요.

Hi? Kevin! How are you today?(안녕? 케빈! 오늘 기분 어때?) I'm good.(좋아.) 이런 식으로 중얼중얼 해보세요. 노력은 절대 여러분을 배신하지 않는답니다.

다음 중 빈칸에 들어갈 말을 쓰세요.

개프 : (   ) do you look so tired?
(왜 그렇게 피곤해 보여?)

개쌤 : I watched the OOO tape all night.
(밤새 야동 봤어.)

개프 : Oh, my goodness!
(으이구 화상아!)

정답) Why

해설) 이유를 묻는 질문에는 의문사 'why'를 사용한다

개쉬운영어

memo

memo

memo

memo